ABHANDLUNGEN DER AKADEMIE DER WISSENSCHAFTEN DER DDR

Veröffentlichungen der Wissenschaftlichen Räte

W 3
1980

Zur Leitung und Planung der Kombinate

Akademie-Verlag · Berlin

ABHANDLUNGEN
DER AKADEMIE DER WISSENSCHAFTEN DER DDR
Abteilung Veröffentlichungen der Wissenschaftlichen Räte

Jahrgang 1980 · Nr. W 3

30. Tagung des Wissenschaftlichen Rates
für die wirtschaftswissenschaftliche Forschung
bei der Akademie der Wissenschaften der DDR
am 29. 4. 1980

Zur Leitung und Planung der Kombinate

Erfahrungen und Verallgemeinerungen
der Leitung und Planung der sozialistischen
Kombinate und Betriebe

AKADEMIE-VERLAG · BERLIN 1980

Herausgegeben im Auftrage des Präsidenten
der Akademie der Wissenschaften der DDR
von Vizepräsident Prof. Dr. Heinrich Scheel

Verantwortlich für dieses Heft:
Akademiemitglied Prof. Dr. sc. Dr. h. c. Helmut Koziolek
Vorsitzender des Wissenschaftlichen Rates
für die wirtschaftswissenschaftliche Forschung
bei der Akademie der Wissenschaften der DDR

Redaktionsschluß: 30. Juni 1980
Erschienen im Akademie-Verlag, DDR-1080 Berlin, Leipziger Str. 3-4

Lizenznummer: 202 · 100/65/81
Gesamtherstellung: VEB Druckhaus Köthen
Bestellnummer: 753 909 7 (2001/80/3/W) · LSV 0355
Printed in GDR
DDR 12,- M

Inhaltsverzeichnis

* z. Z. der 30. Ratstagung
** schriftlich eingereichter Beitrag

* schriftlich eingereichter Beitrag

1. Einführungsvortrag

G. Friedrich

Leitung und Planung in Kombinaten und Betrieben – Erfahrungen und Verallgemeinerungen

Seit Beginn des Jahres 1980 bestehen in Industrie und Bauwesen der DDR 129 Kombinate, die direkt den Ministerien unterstellt sind. In ihnen arbeiten mehr als 90 Prozent der Werktätigen der zentralgeleiteten Industrie und des zentralgeleiteten Bauwesens gegenüber 36 Prozent im Jahr 1976, sind etwa 90 Prozent des Forschungs- und Entwicklungspotentials der Industrie konzentriert und werden annähernd 90 Prozent der gesamten Warenproduktion realisiert.

Mit der Herausbildung der Kombinate wurden Leitung und Planung der Volkswirtschaft der DDR im Bereich der Industrie und des Bauwesens auf eine neue Grundlage gestellt. Nunmehr bilden große wirtschaftende Einheiten – in der Regel mit 20 000 bis 40 000 Beschäftigten und einer Warenproduktion von mehreren Milliarden Mark jährlich – mit ihren Betrieben, Forschungseinrichtungen und Absatzorganen das stabile Grundgerüst des Leitungsaufbaus. „Das leitet eine qualitativ neue Etappe unserer sozialistischen Planwirtschaft ein. Die Phase der Kombinatsbildung ist bis auf einige Ausnahmen abgeschlossen. Jetzt besteht die Aufgabe darin, daß alle Kombinate nach den Maßstäben der Besten arbeiten. Das Tempo der Annäherung an das fortgeschrittene Niveau ist dabei zu erhöhen. Da die langjährigen Erfahrungen gut arbeitender Kombinate vorliegen, kann bei den anderen der Übergang zu einem höheren Niveau der Arbeit in wesentlich kürzerer Zeit erfolgen. Die großen Unterschiede in den Wachstumsraten und bei der Erschließung innerer Reserven müssen überwunden werden.“[1]

Die Erfahrungen gut arbeitender Kombinate zu nutzen, um vorhandene Niveauunterschiede abzubauen und in allen Kombinaten das für die Volkswirtschaft notwendige Schrittmaß der achtziger Jahre durchzusetzen, war Gegenstand des Erfahrungsaustausches des Zentralkomitees der SED mit den Generaldirektoren und den Parteiorganisatoren des Zentralkomitees der Kombinate vom 19. bis 21. März 1980 in Gera. Ausgehend von diesem Erfahrungsaustausch, ist zu prüfen, wie durch die wirtschaftswissenschaftliche Arbeit der Prozeß der Entwicklung der Kombinate tiefer analysiert und verallgemeinert, die Übertragung von Erfahrungen gut arbeitender Kombinate unterstützt werden kann, um weitere Reserven des Wirtschaftswachstums zu erschließen.

Zur Charakteristik des Prozesses der Bildung und Entwicklung der Kombinate

Die Entwicklung der Kombinate ist das Ergebnis eines längeren Prozesses, in dessen Verlauf die SED immer bestrebt war, jene Formen der Wirtschaftsorganisation auszuarbeiten, die dem jeweiligen Niveau der Produktivkräfte und der Produktionsverhält-

[1] E. Honecker, Die nächsten Aufgaben der Partei bei der weiteren Durchführung der Beschlüsse des IX. Parteitages der SED, Berlin 1980, S. 42.

nisse am besten entsprachen und deren weitere Entwicklung am wirksamsten förderten. Entsprechend den Beschlüssen des IX. Parteitags wurden weitere Schritte der Entwicklung und der Neubildung direkt den Industrieministerien unterstellter Kombinate vorbereitet und realisiert, um die in diesem Prozeß liegenden Effektivitätspotenzen für die Intensivierung zu nutzen. Zugleich kann festgestellt werden, daß die Herausbildung großer Wirtschaftseinheiten eine Grundtendenz der weiteren Vergesellschaftung der Produktion ist, die sich in unterschiedlichem Tempo und in verschiedenen Formen in allen Ländern des RGW vollzieht.

Mit der Bildung der Kombinate wurde eine prinzipielle Frage des strategischen Vorgehens bei der Vervollkommnung der Leitung und Planung der Volkswirtschaft aufgeworfen und beantwortet. Die Gestaltung des Leitungsaufbaus in der sozialistischen Volkswirtschaft hat objektive Grundlagen. Die Notwendigkeit jeglicher Leitungstätigkeit ergibt sich bekanntlich aus dem gesellschaftlichen Charakter des Arbeitsprozesses, aus der Kooperation und Konzentration der Arbeit vieler in einem Produktionsprozeß und vor allem aus der Arbeitsteilung. Folglich hat die konkrete Gestaltung des gesellschaftlichen Charakters der Arbeit einen großen Einfluß auf die Leitungstätigkeit. Unter den Bedingungen des sozialistischen Eigentums ist es möglich und zugleich notwendig, die Entwicklung des gesellschaftlichen Charakters des Arbeitsprozesses, also den Vergesellschaftungsprozeß, planmäßig zu gestalten, und zwar ganz entscheidend unter dem Gesichtspunkt, optimale Bedingungen für eine hocheffektive Leitung der Produktion zu schaffen.

Unter diesem Aspekt ist die Bildung und Entwicklung der Kombinate zugleich ein Prozeß der Formierung des sozialistischen Eigentums, der darauf abzielt, die Entwicklung der Produktivkräfte zu beschleunigen, die materiell-technische Basis der Produktion weiterzuentwickeln. In diesem Prozeß wird eines deutlich: Die weitere Entwicklung der Produktionsverhältnisse ist weder das einfache passive Resultat der Entwicklung der Produktivkräfte, noch kann man davon ausgehen, daß die Existenz des sozialistischen Eigentums an den Produktionsmitteln „an sich" jene ökonomische Überlegenheit verleiht, die sich in höchster ökonomischer Effektivität und Rationalität niederschlägt, die die höhere Produktivität der sozialistischen Produktionsweise bewirkt. Der reale Prozeß der Entwicklung der Ökonomik der sozialistischen Gesellschaft ist von der Nutzung des sozialistischen Eigentums, von der „tatsächlichen Vergesellschaftung der Produktion", wie sie Lenin charakterisierte, abhängig. Die Nutzung des sozialistischen Eigentums aber schließt die weitere Entwicklung der gesellschaftlichen Arbeitsteilung und der rationellen Organisation der Produktion im Maßstab der Wirtschaftseinheiten und der gesamten Volkswirtschaft ebenso ein wie die Ausprägung des sozialistischen Charakters der Arbeit, die weitere Vervollkommnung der Leitung und Planung der Produktion, ja des gesamten ökonomischen Mechanismus der sozialistischen Gesellschaft. Dieser Dialektik der Entwicklung von Produktivkräften und Produktionsverhältnissen trägt die Bildung und Entwicklung der Kombinate als sozialistische Wirtschaftseinheiten Rechnung, indem sie, auf dem erreichten Stand der Vergesellschaftung der Produktion aufbauend, diesen Prozeß weiterführt und zusätzliche Effektivitätspotenzen, die über die Möglichkeiten des einzelnen Produktionsbetriebes hinausgehen, erschließt.

Es ist eine bekannte Tatsache, daß eine im Rahmen der gesamten Volkswirtschaft in viele spezialisierte Teilprozesse zersplitterte Produktion schwer zu beherrschen ist. Das zeigt sich insbesondere dort, wo sich Technologie und Produktionssortiment rasch entwickeln, qualitative Neuerungen erforderlich sind und eine Hauptfrage darin besteht, wissenschaftlich-technische Ergebnisse schnell ökonomisch nutzbar zu machen. Gerade unter diesen Bedingungen wächst das Erfordernis der Konzentration. Ihm wird durch die Organisation des gesamten Leitungssystems auf der Grundlage eben der Kombinate entsprochen. Das bietet die materiellen und die leitungsmäßigen Voraussetzungen dafür, komplexe und in sich verflochtene Wirtschaftsprozesse unmittelbar auf der Ebene der wirtschaftenden Einheiten straff und zugleich flexibel zu gestalten und alle Möglichkeiten der Spezialisierung und Kooperation unter einer einheitlichen Leitung zielstrebig zu nutzen.

Aber dieser Prozeß der Konzentration des ökonomischen Potentials in großen Wirtschaftseinheiten ist nicht – wie für die Vergesellschaftung der Produktion im Einzelbetrieb charakteristisch – in erster Linie durch die Konzentration und Spezialisierung der Produktion bestimmt, sondern der grundlegende Aspekt besteht in der engeren Verbindung von Wissenschaft und Produktion. Dieser Unterschied soll besonders betont werden, weil – obwohl selbstverständlich das Kombinat den Prozeß der Konzentration und Spezialisierung der Produktion in den Kombinatsbetrieben im Interesse optimaler Produktionsmaßstäbe und gerichtet auf den relativ geschlossenen Reproduktionsprozeß vorantreiben muß – die engere Verbindung von Wissenschaft und Produktion als grundlegender Prozeß die spezifische Verantwortung des Kombinats gegenüber der Volkswirtschaft zum Ausdruck bringt. Sie konzentriert sich darauf, durch hohe Ergebnisse in Wissenschaft und Technik und ihre Überführung in die Produktion eine höhere Effektivität der Produktion zu erreichen sowie volkswirtschaftlichen Bedarf mit sinkendem Aufwand besser zu befriedigen. Deshalb verfügt das Kombinat, das im volkswirtschaftlichen Reproduktionsprozeß für die Produktion einer bestimmten Art von Erzeugnissen Verantwortung trägt, über die hierfür entscheidenden Kapazitäten. Das betrifft genauso die Kapazitäten für Forschung und Enwicklung, Konstruktion und Projektierung, technologische Weiterentwicklung, den Bau von Rationalisierungsmitteln wie die für die Überleitung von Forschungs- und Entwicklungsergebnissen in die Produktion bis hin zu qualitäts- und niveaubestimmenden Zulieferungen. Die materielle Struktur des Kombinats – die wissenschaftlich-technischen, produktionsvorbereitenden Bereiche, die Kapazitäten der Haupt-, Hilfs- und Nebenprozesse der Produktion einschließlich des Absatzes und der Versorgung – muß so gestaltet und entwickelt werden, daß diese große Wirtschaftseinheit in der Lage ist, komplexe Prozesse des wissenschaftlich-technischen Fortschritts, gestützt auf das eigene Potential, so zu bewältigen, daß volkswirtschaflicher Bedarf (einschließlich Export) mit hoher Effektivität befriedigt wird.

Bei der Herausbildung der Kombinate handelt es sich also nicht primär um Veränderungen der Organisationsstruktur, vielmehr um einen Konzentratiosprozeß auf ökonomischer Grundlage, um einen ökonomischen Zusammenschluß organisch miteinander verbundener Betriebe und Einrichtungen. So ist das Kombinat ein sozialökonomischer Organismus und nicht einfach und schlechthin „wirtschaftsleitendes Organ“. Die Grundidee, die der Bildung der Kombinate zugrunde liegt, besteht darin, den Kreislauf der Reproduktion auf der Ebene des Kombinats zu schließen. Deshalb verfügt das Kombinat über Fonds und arbeitet streng nach den Prinzipien der wirtschaftlichen Rechnungsführung.

Die Herausbildung des relativ geschlossenen Reproduktionsprozesses des Kombinats, die Entwicklung seiner materiellen Struktur im weitesten Sinne des Wortes – der Produktionssortimente, der Arbeitsmittel und der Technologie, der Spezialisierung der

Kombinatsbetriebe usw. – und der darauf gerichtete zielstrebige Einsatz des wissenschaftlich-technischen Potentials ist die wichtigste Bedingung für längerfristig stabile Raten der Effektivitäts- und Leistungssteigerung im Kombinat. Nur so ist es möglich, die Vorzüge der großen Wirtschaftseinheiten gegenüber den Einzelbetrieben zielgerichtet auszunutzen für

– die Beherrschung komplexer Neuerungsprozesse und die Beschleunigung des wissenschaftlich-technischen Fortschritts, die Erhöhung seiner ökonomischen und sozialen Wirksamkeit;

– die rasche Reaktion auf neue Bedingungen der inneren und der äußeren Märkte und die Deckung des Bedarfs;

– die Ökonomisierung der Produktionsressourcen und den konzentrierten Einsatz der verfügbaren Mittel für die Effektivitäts- und Leistungssteigerung.

Mit Abschluß des Prozesses der Bildung bzw. der Neustrukturierung von Kombinaten und der Organisation des gesamten Bereichs der zentralgeleiteten Industrie in Form dieser großen Wirtschaftseinheiten reifte die Notwendigkeit heran, in einem politisch-rechtlichen Dokument das Wesen des Kombinats zu charakterisieren, seine ökonomische und rechtliche Verantwortung im volkswirtschaftlichen Reproduktionsprozeß und im staatlichen Leitungssystem der Volkswirtschaft zu fixieren. Dazu wurde die „Verordnung über die volkseigenen Kombinate, Kombinatsbetriebe und VEB" vom 8. November 1979 erlassen.

In dieser Verordnung wird das Kombinat als grundlegende Wirtschaftseinheit der materiellen Produktion und als eine moderne Form der Leitung und Organisation in Industrie und Bauwesen charakterisiert. Es arbeitet nach verbindlichen staatlichen Planaufgaben und trägt eine hohe Verantwortung für die Deckung des Bedarfs der Volkswirtschaft und die Steigerung der Effektivität der Produktion. In Verbindung mit der Leitung seines Reproduktionsprozesses übt das Kombinat staatliche Funktionen der Wirtschaftsleitung aus. Im Rahmen der gesetzlichen Bestimmungen und auf der Grundlage des Planes hat es alle Möglichkeiten, Maßnahmen einer effektiveren Spezialisierung und Konzentration der Produktion in den Kombinatsbetrieben sowie der Zentralisation von Aufgaben und Funktionen der produktionsvorbereitenden bzw. produktionsabschließenden Prozesse durchzuführen. Das Kombinat verfügt über Fonds des einheitlichen Volkseigentums, die aus zentralen Fonds und den Fonds der Kombinatsbetriebe bestehen. Es ist rechtsfähig und juristische Person.

In der Regel besteht das Kombinat aus Kombinatsbetrieben. Diese sind ökonomisch und juristisch eigenverantwortliche Einheiten. Wichtig ist: Sie erhalten ihren staatlichen Plan durch das Kombinat, haben ihn durchzuführen und abzurechnen, wie das Kombinat als Ganzes. Die Rolle des Betriebes im Kombinat trägt der objektiven Tatsache Rechnung, daß die materielle Produktion in Industrie und Bauwesen auf der Grundlage von Betrieben, als ökonomische Einheiten mit ihrer Tradition, ihrem Betriebsnamen, ihrer engen Verflechtung im Territorium, durchgeführt wird. Zugleich gilt es sicherzustellen, daß die Tätigkeit jedes einzelnen Betriebes stärker auf das Endergebnis des Kombinats als Ganzes ausgerichtet wird. Die volkswirtschaftliche Verantwortung des Kombinatsbetriebes drückt sich darin aus, daß er seine Aufgaben im Rahmen des Kombinats zu erfüllen hat.

Die Charakteristik des Wesens des Kombinats und der Stellung des Betriebes im Kombinat, wie sie in der Verordnung vorgenommen wird, ist von prinzipieller Bedeutung, weil sie klar zum Ausdruck bringt, wie die Entwicklung der Kombinate einerseits den Prozeß der Vergesellschaftung der Produktion weiter voranführt, andererseits der tatsächlich erreichte Stand der Vergesellschaftung der Produktion in den ökonomischen und in den rechtlichen Regelungen voll Berücksichtigung finden muß. Um das noch mehr zu verdeutlichen, soll auf drei Dinge aufmerksam gemacht werden:

1. Im Unterschied zur bisherigen rechtlichen Regelung, bei der die Stellung des Kombinats im Grunde aus der Stellung des Betriebes abgeleitet wurde, wird hier erstmalig der eigenständige Charakter des Kombinats klar umrissen und die Stellung des Kombinatsbetriebes aus seiner Rolle im Reproduktionsprozeß des Kombinats abgeleitet. Das ist wesentlich für die weitere Ausprägung des relativ geschlossenen Reproduktionsprozesses in diesen großen Wirtschaftseinheiten und für die weitere Vergesellschaftung.

2. Wirtschaftswissenschaftler anderer sozialistischer Länder vertraten zum Teil den Standpunkt, daß bei der Herausbildung großer Wirtschaftseinheiten der Betrieb seine ökonomische und rechtliche Selbständigkeit verliert, nicht mehr nach der vollen wirtschaftlichen Rechnungsführung arbeitet, sondern für ihn nunmehr Merkmale innerbetrieblicher wirtschaftlicher Rechnungsführung zutreffen. Die bisherigen Erfahrungen zeigen eindeutig, daß ein solches Herangehen mit der Gefahr verbunden ist, dem Betrieb die ökonomische Verantwortung für Prozesse, die er nach wie vor eigenverantwortlich auf der Grundlage des Planes vollzieht und vollziehen muß, abzunehmen. Das führt in der Regel dazu, daß die betriebliche Initiative gehemmt wird, nicht alle Möglichkeiten effektiven Wirtschaftens erschlossen werden und die Ware-Geld-Beziehungen nicht mehr in erforderlichem Maß für die ökonomische Stimulierung der Arbeit des Betriebes ausgenutzt werden können. Beim gegenwärtigen Stand der Vergesellschaftung der Produktion kann das Kombinat seine Verantwortung gegenüber der Volkswirtschaft nur mit stabil und effektiv wirtschaftenden Kombinatsbetrieben wahrnehmen; aber diese ökonomische Stabilität der Kombinatsbetriebe ist von ihrer ökonomischen und juristischen Verantwortung nicht zu trennen.

3. Die Verordnung regelt die Stellung des Kombinats und die Beziehungen zwischen Kombinat und Kombinatsbetrieb einheitlich, und das Kombinat ist die einheitliche Grundform der großen Wirtschaftseinheit in allen Bereichen der Industrie und im Bauwesen der DDR. Da der tatsächliche Grad der Vergesellschaftung der Produktion (insbesondere die Konzentration und Spezialisierung der Produktion, Größe und Zahl der Betriebe in einem Zweig, ihre territoriale Verteilung) in den einzelnen Bereichen stark differiert, muß den spezifischen Bedingungen in Detailregelungen der Ministerien bzw. in den Statuten und Ordnungen der Kombinate Rechnung getragen werden. Ein solch differenziertes Vorgehen, insbesondere in der konkreten Ausgestaltung des Leitungssystems des Kombinats, – ausgehend von dem Grundsatz, daß das Leitungssystem einfach, überschaubar und mit niedrigem Leitungsaufwand zu gestalten ist – sieht auch die Kombinatsverordnung vor.

Zu den Aufgaben der Kombinatsleitung

Mit der Entwicklung der Kombinate werden, ausgehend von den veränderten Bedingungen und Anforderungen an die komplexe Leitung und Planung ihres Reproduktionsprozesses, zugleich wichtige Fragen der Vervollkommnung des Leitungssystems in den Kombinaten und ihren Betrieben aufgeworfen. Im Vordergrund stehen dabei solche Fragen wie

— die Konzentration der zentralen Leitung des Kombinats auf Ausarbeitung und Durchsetzung der Hauptentwicklungsrichtungen der Wirtschaftseinheit. Das schließt die Bestimmung der langfristigen Ziele der Kombinatsentwicklung, insbesondere des wissenschaftlich-technischen Fortschritts, ein und erfordert die Konzentration von Forschung und Entwicklung auf die Schwerpunkte der Erzeugnis- und der Verfahrensentwicklung, die Herausarbeitung der Investitions-, Rationalisierungs- und Rekonstruktionsstrategie und den konzentrierten Einsatz materieller und finanzieller Mittel, die Weiterführung der Arbeitsteilung und Spezialisierung in Verbindung mit der Entwicklung der Technologie und der Produktionsorganisation, die Herausarbeitung der Absatz- und Exportaufgaben sowie die Konzentration bestimmter Absatzfunktionen;

— die zielstrebige Leitung und Organisation von Neuerungsprozessen, die rationelle Organisation aller Phasen des Reproduktionsprozesses einschließlich der Kooperationsbeziehungen, um den Zyklus von Forschung, Entwicklung, Technologie und Produktion bis zum Absatz zu beherrschen und zu verkürzen sowie die Planmäßigkeit und die Kontinuität der Produktion bei hoher Effektivität und bester Qualität der Erzeugnisse zu gewährleisten;

— die Sicherung der direkten und einheitlichen Leitung des Reproduktionsprozesses des Kombinats bei weitgehender Eigenverantwortung der Kombinatsbetriebe entsprechend ihrer objektiven ökonomischen Stellung im Reproduktionsprozeß des Kombinats und die ständige Vervollkommnung der materiellen, der organisatorischen und der sozialen Bedingungen zur besseren Beherrschung des gesamten Kreislaufs der Reproduktion. Dies erfordert unter anderem die Organisation eines rationellen Systems der operativen Leitung der Produktion zur vertrags- und plangerechten Erfüllung der Aufgaben im gesamten Kombinat;

— die einheitliche Orientierung und Leitung der schöpferischen Initiative der Werktätigen im sozialistischen Wettbewerb auf der Basis anspruchsvoller und realer Planaufgaben.

Das Kombinat kann nur dann seiner volkswirtschaftlichen Verantwortung gerecht werden, wenn die Aufgaben und Funktionen der Leitung, die mit dem effektiven Verlauf des Reproduktionsprozesses des gesamten Kombinats zusammenhängen, im Kombinat konsequent zentral wahrgenommen werden. Erfahrungen, die im Prozeß der Bildung und Festigung der Kombinate gewonnen werden, bestätigen nachdrücklich den großen persönlichen Einfluß, den die Leiter an der Spitze dieser Wirtschaftseinheiten durch ihre Entscheidung, ihre Kampfposition und ihren Leitungsstil auf das Ringen um hohe ökonomische Ergebnisse im gesamten Kombinat ausüben. Der persönliche Einsatz des Generaldirektors für hohe Zielstellungen bei der Lösung volkswirtschaftlicher Aufgaben, fundierte Kritik und klare Schlußfolgerungen, die exakte Abrechnung des Erreichten und die Anerkennung hoher Leistungen sind Voraussetzungen erfolgreicher Arbeit. Die Erfüllung dieser Ansprüche trägt dazu bei, jene Haltung der Leitung auf allen Ebenen des Kombinats bis hinein in die Kollektive zu den Beschlüssen und Aufgaben auszuprägen, die notwendig ist, um die Fragen der Gegenwart zu meistern und sich auf die Ansprüche der Zukunft voll einzustellen. Das ist eine Haltung, die gewährleistet, daß

— alle notwendigen Entscheidungen aus gesellschaftlicher Verantwortung getroffen und an den Erfordernissen eines hohen volkswirtschaftlichen Leistungszuwachses gemessen werden;

— die Kader sich verantwortungsbewußt zum wissenschaftlich-technischen Fortschritt verhalten, ihn mit ganzer Kraft beschleunigen und sich voll für die ökonomische Umsetzung seiner Ergebnisse in die Produktion engagieren;

— die inneren Leistungsreserven für eine bedarfsgerechte Produktion voll ausgeschöpft, die sozialistische Einstellung zur Arbeit und die Masseninitiative in den Kollektiven gefördert werden;

— der Stolz auf Erfolge immer damit verbunden wird, unduldsam gegenüber vorhandenen Mängeln zu sein, gegen Selbstzufriedenheit zu kämpfen und sich selbst höhere Ziele zu stellen.

Der Generaldirektor eines Kombinats trägt eine hohe persönliche Verantwortung für die Arbeit eines großen Kollektivs, für den nutzbringenden Einsatz gewaltiger materieller und finanzieller Fonds. Deshalb ist es so wichtig, daß er es versteht, sich in seiner Leitungstätigkeit auf jene Aufgaben zu konzentrieren, die für den Leistungs- und Effektivitätszuwachs und für die allseitige Erfüllung des Planes im Kombinat entscheidend sind.

Einen besonderen Rang im Kreis dieser Aufgaben nehmen naturgemäß die Fragen von Wissenschaft und Technik ein. Die Urteilskraft des Leiters, seine Fähigkeit, aus volkswirtschaftlichen Erfordernissen, erkennbaren Entwicklungstendenzen von Wissenschaft und Technik sowie aus dem kompromißlosen Vergleich mit dem internationalen technisch-ökonomischen Niveau der Produktion anspruchsvolle Aufgaben für die wissenschaftlich-technischen und produktionsvorbereitenden Bereiche abzuleiten und eine leistungsfördernde, auf Spitzenleistungen orientierte Atmosphäre und Organisation der Arbeit in diesen Bereichen durchzusetzen, sind wesentliche Bedingungen, damit das Kombinat sich als ein stabiles Glied der Volkswirtschaft erweist. Die Entscheidungen auf diesem Gebiet so vorzubereiten und durchzusetzen, daß notwendiger wissenschaftlich-technischer Vorlauf gesichert wird und Ergebnisse von Wissenschaft und Technik rasch produktionswirksam werden, zeichnet den Arbeitsstil guter Generaldirektoren aus. Sie stützen sich hierbei auf eine qualifizierte langfristig-konzeptionelle Arbeit im Kombinat, die es gestattet, mittels des Fünfjahrplans und der Jahrespläne auf der Grundlage der staatlichen Aufgabenstellung das gesamte Potential des Kombinats so zu entwickeln und einzusetzen, daß es den volkswirtschaftlichen Leistungsansprüchen gerecht wird.

Das einheitliche, auf hohe volkswirtschaftliche Endergebnisse gerichtete Handeln im Kombinat erfordert ein enges Zusammenwirken zwischen der Kombinatsleitung und den Kombinatsbetrieben. Dazu bedarf es zweckmäßiger Formen und Methoden der Zusammenarbeit zwischen dem Generaldirektor und den Betriebsdirektoren der Kombinatsbetriebe, die in der Regel der Kombinatsleitung angehören. Grundfragen der Entwicklung des Kombinats in der Kombinatsleitung zu klären und eine einheitliche Linie zur Lösung der Aufgaben sowohl mit den Fachdirektoren des Kombinats als auch mit den Betriebsdirektoren der Kombinatsbetriebe zu erarbeiten sichert das zielgerichtete und gemeinsame Vorgehen aller Bereiche und Betriebe der Wirtschaftseinheit. Der Generaldirektor muß stets dafür Sorge tragen, daß sich eine vertrauensvolle, an hohen Zielen orientierte Zusammenarbeit im gesamten Leitungskollektiv herausbildet.

In vielen Kombinaten haben sich regelmäßige Beratungen des Parteiorganisators des Zentralkomitees der SED, des BGL-Vorsitzenden und des Generaldirektors bewährt, ebenso die Teilnahme dieser Funktionäre an Beratungen der Kombinatsleitung. Das gleiche gilt für das regelmäßige Auftreten des Generaldirektors in den Leitungsgremien der gesellschaftlichen Organisationen. So werden entscheidende Führungsdokumente von Kombinaten Grundlage für die Ziele im sozialistischen Wettbewerb, die der Generaldirektor vorgibt. In enger Zusammenarbeit mit den gesellschaftlichen Organisationen werden auch die Rechenschaftslegungen des Generaldirektors über die Plandurchführung vor den Werktätigen des Kombinats vorbereitet. Dieses verständnisvolle Miteinander, das gemeinsame Streben nach demselben Ziel ist von großer Bedeutung für das Vertrauensverhältnis in den Arbeitskollektiven des Kombinats, beeinflußt zutiefst das Vertrauen der Arbeiter, der Angehörigen der Intelligenz und aller anderen im Kombinat Tätigen zur Politik der Partei. Deshalb verdient in der gesamten Arbeit des Kombinats und seiner Leitungspraxis die weitere Ausprägung dieser vertrauensvollen Beziehungen stetige Aufmerksamkeit.

Zur Leitung der wissenschaftlich- technischen Arbeit und der Neuerungsprozesse im Kombinat

Bei der Entwicklung der Kombinate geht es im Kern um die Schaffung der günstigsten materiellen Bedingungen und Voraussetzungen für die Intensivierung im Reproduktionsprozeß der Volkswirtschaft. Erzeugnisse mit neuen Gebrauchseigenschaften und in hoher Qualität zu fertigen und zugleich hochproduktive, energie- und rohstoffsparende Technologien anzuwenden, um so höhere Exporterlöse zu erzielen und den Inlandsbedarf besser und mit geringerem Aufwand zu befriedigen, das ist letztlich das Ziel. Unter den Bedingungen der Ressourcen-Begrenzung und hoher außenwirtschaftlicher Belastungen der Volkswirtschaft ist der notwendige qualitative Wandel in der Produktion – das heißt mehr hochwertige industrielle Konsumgüter, mehr hochveredelte Erzeugnisse für den Export mit steigender Arbeitsproduktivität und geringerem Energie- und Rohstoffeinsatz zu liefern, durch einen entsprechenden Rationalisierungsschub Arbeitsplätze einzusparen und Arbeitskräfte für andere volkswirtschaftliche Aufgaben freizusetzen – nur über entsprechende Leistungen in Wissenschaft und Technik zu erreichen.

Hierbei gewinnt die Frage, wie wissenschaftlich-technische Neuerungsprozesse in den Kombinaten und ihren Betrieben besser beherrscht werden können, besondere Bedeutung. Der Erfahrungsaustausch des Zentralkomitees der SED mit den Generaldirektoren und den Parteiorganisatoren des Zentralkomitees der Kombinate in Gera zeigte sehr anschaulich, daß die Entwicklung des technisch-ökonomischen Niveaus der Produktion in den Kombinaten entscheidend davon abhängig ist, wie es gelingt, in der Vorbereitungsphase des Produktionsprozesses die dafür erforderlichen Voraussetzungen zu schaffen. Eine hohe Wirksamkeit des wissenschaftlich-technischen Fortschritts in den Kombinaten erfordert anspruchsvolle Ziele und Aufgabenstellungen, die Entwicklung günstiger Bedingungen für Initiative und Schöpfertum in den wissenschaftlich-technischen Bereichen und die Schaffung von Voraussetzungen für die schnelle und umfassende Realisierung wissenschaftlich-technischer Ergebnisse – einschließlich der qualifizierten Vorbereitung und Durchführung von Investitionen. Es geht darum, wie Günter Mittag in seinem Schlußwort in Gera hervorhob, die Durchgängigkeit von der Grundlagenforschung über die Entwicklung, Konstruktion und Technologie bis zur Produktion entscheidend zu verbessern.

Für den Arbeits- und Leitungsstil der Generaldirektoren leistungsstarker Kombinate ist typisch, daß Wissenschaft und Technik als ausschlaggebender Effektivitätsfaktor gesehen wird und das gesamte Leitungssystem im Kombinat einheitlich und durchgängig auf die erfolgreiche Lösung der damit verbundenen Aufgaben eingestellt ist. Sie verwenden einen großen Teil ihrer Leitungstätigkeit auf die Fragen, welche neuen Qualitätserzeugnisse mit Spitzenniveau eingeführt werden, welche neuesten Technologien zur Anwendung gelangen. In diesen Kombinaten wird mit wissenschaftlich-technischen Prognosen, langfristigen Erzeugnis- bzw. Erzeugnisgruppenkonzeptionen bzw. technologischen Konzeptionen, langfristigen Forschungsprogrammen und langfristigen Intensivierungs- bzw. Entwicklungskonzeptionen der erforderliche Erkenntnisvorlauf für die perspektivische einheitliche wissenschaftlich-technische Entwicklung des Kombinats gesichert. Diese Planungs-und Entscheidungsunterlagen ermöglichen,

– Aussagen zum künftigen wissenschaftlich-technischen Höchststand auf den produktionsbestimmenden Gebieten und den dazu erforderlichen Maßnahmen zu treffen;

– Ergebnisse der gezielten Grundlagenforschung als Quelle wirklicher Neuerungen zu nutzen;

– komplexe Neuerungsprozesse für die Entwicklung der produktions- und effektivitätsbestimmenden Erzeugnisse, Verfahren und Technologien vorzubereiten;

– effektivitätsbestimmende Neuerungsprozesse in die komplexe Entwicklung des Reproduktionsprozesses des Kombinats, in seine wesentlichen inneren und äußeren Verflechtungen einzuordnen;

– den Plan Wissenschaft und Technik und den komplexen Kombinatsplan für einen längeren Zeitabschnitt qualifiziert vorzubereiten.

Die wesentlichen Erkenntnisse aus diesen langfristigen Planungs- und Entscheidungsunterlagen bilden eine wichtige Grundlage für die Ausarbeitung der Pflichtenhefte für Wissenschaft und Technik. Die gewissenhafte Arbeit mit den Pflichtenheften hat sich als eine Kernfrage weitsichtig orientierter Leitungstätigkeit in Wissenschaft und Technik erwiesen. Vor allem der sorgfältigen Ziel- und Aufgabenbestimmung zur Erzielung von ökonomisch tragfähigen Spitzenleistungen, gemessen an den international gültigen Qualitätsparametern (wie hoher Gebrauchswert, günstiges Masse-Leistungs-Verhältnis, Zuverlässigkeit und gute Formgestaltung), dem Produktionsverbrauch, dem spezifischen Energie- und Materialverbrauch, der Einsparung von Arbeitszeit und Arbeitsplätzen, der Selbstkostensenkung, der Exportfähigkeit und der Exportrentabilität, wird ein beträchtlicher Teil der Leitungstätigkeit eingeräumt.

Die Ideen für Spitzenleistungen bei Erzeugnissen, Verfahren und Technologien werden überwiegend in den Forschungs- und Entwicklungskollektiven geboren. Daher kommt es für die Leitung des Kombinats darauf an, in diesem Bereich die erforderlichen Bedingungen für schöpferische Arbeit zu sichern. Das sind vor allem klare Ziel- und Aufgabenstellungen für die Kollektive, Schaffung von Herausforderungssituationen an Hand hoher Maßstäbe, Motivation zu Spitzenleistungen, Entwicklung eines schöpferischen Meinungsstreits, Übertragung von Verantwortung, Sicherung einer festen Vertrauensbasis der leitenden Kader zu den Forschern und Entwicklern, ihrer Leistungsbereitschaft und ihrem Leistungsvermögen. Wesentlich ist, daß die wissenschaftlich-technischen Kader ständig spüren, daß die Leitung hohe Leistungen fordert und fördert, daß sie ihren Problemen stets aufgeschlossen gegenübersteht und daß hohe Leistungen entsprechende Anerkennung erfahren.

In diesem Bereich spielen sozialpsychische Faktoren für die Leitung eine bedeutende Rolle. Die Qualifikation der Direktoren der Forschungseinrichtungen und ihrer nachgeordneten Leiter, und zwar sowohl als Fachmann, Spezialist wie auch als Leiter von Kollektiven, ist für die Leistungsbereitschaft und das Leistungsvermögen der Kollektive von großem Gewicht. Beruflicher Ehrgeiz, das Streben nach nationaler und internationaler Anerkennug, nach hoher gesellschaftlicher Wertschätzung der Ergebnisse, Selbstbestätigung und Erfolgserlebnisse können als wesentliche Antriebe zur Arbeit entwickelt werden. Das Arbeitsklima wird durch das Leiterverhalten in bezug auf solche Faktoren wie Anlegen hoher Maßstäbe an die eigene Leistung, Risikobereitschaft und Verantwortungsbewußtsein, kameradschaftliche Beziehungen zwischen Leiter und Mitarbeitern und unter den Forschern und Entwicklern selbst sowie Aufgeschlossenheit für konstruktive Kritik geprägt. Ausgehend von einer richtigen Ziel- und Aufgabenstellung für die wissenschaftlich-technische Arbeit, ist der Erfolg in hohem Maß davon abhängig, wie es im Kombinat gelingt, das wissenschaftlich-technische Potential richtig zu formieren. Untersuchungen bestätigen, daß fortgeschrittene Kombinate ihre Anstrengungen in folgenden Richtungen verstärken, um die Wirksamkeit des wissenschaftlich-technischen Potentials zu vergrößern;

— weiterer Aufbau bzw. Ausbau der Kapazitäten auf dem Gebiet der zweigspezifischen Grundlagenforschung als eine Kernfrage der Erhöhung des Niveaus wissenschaftlich-technischer Leistungen. Das Erreichen internationaler Spitzenleistungen basiert in vielen Fällen auf den Erkenntnissen der Grundlagenforschung. Sie sind eine wichtige Quelle für Neuerungsprozesse und bewirken vor allem revolutionäre Veränderungen in der Erzeugnis-, Verfahrens- und Technologieentwicklung. Deshalb muß es in den Kombinaten gelingen, möglichst günstige Bedingungen für einen größeren Erkenntnisvorlauf der Grundlagenforschung zu schaffen. Diese Aufgabe ist nur in enger Forschungskooperation mit den wissenschaftlichen Einrichtungen der Akademie der Wissenschaften der DDR, den Universitäten und Hochschulen sowie anderen zentralen Instituten zu lösen. Bei Kombinaten forschungsintensiver Zweige hat sich bewährt, die Grundlagenforschung in zentralisierten Einrichtungen des Kombinats zu entwickeln;

— zielstrebige Verstärkung der technologischen Arbeit durch den weiteren Ausbau des technologischen Potentials. Internationale Analysen machen deutlich, daß wissenschaftlich-technische Ergebnisse heute nur über den technologischen Fortschritt ökonomisch maximal verwendet werden können. Für die Konzentration der Kräfte zur Lösung der Aufgaben der technologischen Forschung bestehen im Kombinat weitaus günstigere Voraussetzungen als in den einzelnen Betrieben. In vielen Kombinaten überwiegt eine Zentralisierung und Verstärkung von Kapazitäten der technologischen Forschung im Bereich des Direktors für Rationalisierung und Technologie bei der Kombinatsleitung. Eine wichtige Erfahrung besteht im Aufbau bzw. Ausbau technologischer Zentren. Im Kern geht es bei ihnen um die koordinierte Erforschung und Entwicklung bestimmter technologischer Gebiete durch entsprechende Spezialisierung und Konzentration der Kräfte, um den wissenschaftlich-technischen Vorlauf und die materiell-technischen Bedingungen für eine breite Anwendung hochproduktiver technologischer Prozesse zu sichern;

— Verstärkung der Kapazitäten in der Projektierung, im Werkzeug- und Musterbau, in der Erprobung. Die weitere Erhöhung der ökonomischen Wirksamkeit des wissenschaftlich-technischen Fortschritts und vor allem seine Beschleunigung hängen entscheidend davon ab, wie größere Kapazitäten für den Aufbau bzw. Ausbau der Projektierung, von Prüffeldern, Techniken, Pilotanlagen und Musterwerkstätten geschaffen werden. Eine raschere Überführung wissenschaftlich-technischer Ergebnisse in die Produktion schließt unbedingt den weiteren Ausbau der materiellen Basis des wissenschaftlich-technischen Bereichs ein;

– weitere Entwicklung des Rationalisierungsmittelbaus und Erhöhung des wissenschaftlich-technischen und des ökonomischen Niveaus der Rationalisierungsmittel. In den letzten Jahren hat sich der Rationalisierungsmittelbau in den meisten Kombinaten überdurchschnittlich entwickelt. Der Einsatz der hier gefertigten technologischen Spezialausrüstungen brachte wachsende ökonomische Resultate. Die besten Ergebnisse konnten in Kombinaten erreicht werden, in denen komplette Produktionslinien mit hohem technologischem Niveau entwickelt und eingesetzt wurden. Dabei zeigte sich, daß ein wirkungsvoller Einsatz des eigenen Rationalisierungsmittelbaus in der Regel eine entsprechende Verstärkung der technologischen Arbeit, insbesondere der technologischen Forschung, erfordert.

Eine der wichtigsten Schlußfolgerungen aus den Erfahrungen leistungsstarker Kombinate bei der Formierung des wissenschaftlich-technischen Potentials besteht darin, daß Komplexität und Durchgängigkeit der Neuerungsprozesse weiter zu erhöhen sind, eine einheitliche Leitung der wissenschaftlich-technischen Arbeit in den Kombinaten durchzusetzen ist. Das erfordert im einzelnen:

1. Ausgangspunkt von Leitung, Planung und Organisation des wissenschaftlich-technischen Potentials muß – ausgehend von einer langfristig stabilen wissenschaftlich-technischen Zielstellung, von der einheitlichen wissenschaftlich-technischen Grundlinie des Kombinats – eine aussagefähige Analyse sein, die Aufschluß über den Stand, die Wirksamkeit und die Schlußfolgerungen für die weitere Entwicklung des wissenschaftlich-technischen Potentials gibt. Dabei sind alle Komponenten des wissenschaftlich-technischen Potentials zu erfassen, wie Entwicklung und Einsatz der Kader, Niveau der Forschungstechnik, der eingesetzten gerätetechnischen Ausrüstungen, der Labor-, Prüf- und Meßtechnik.

2. Eine Schlüsselaufgabe besteht weiterhin darin, die innere Proportionalität des wissenschaftlich-technischen Potentials zu verbessern. Das gilt sowohl in quantitativer Hinsicht, das heißt Stärkung von Engpaßbereichen, wie Technologie, Projektierung, Musterbau und Rationalisierungsmittelbau, als auch in qualitativer Hinsicht, das heißt Verbesserung der Struktur des wissenschaftlich-technischen Potentials, beispielsweise durch die Erhöhung des Anteils der Grundlagenforschung, der Projektierung, der interdisziplinären Zusammensetzung der Kollektive bzw. durch die Bereitstellung moderner Forschungstechnik. Eine stärkere innere Proportionalität und Wirksamkeit des wissenschaftlich-technischen Potentials schließt ferner entsprechende Maßnahmen zur Intensivierung der wissenschaftlich-technischen Arbeit ein, erfordert Erhöhung des Anteils geistig-schöpferischer Prozesse und Reduzierung der Routinearbeiten sowie Maßnahmen zur Qualifizierung und Weiterbildung der Kader im Forschungs- und Entwicklungsbereich selbst.

3. Nachdem in den letzten Jahren in allen Kombinaten Kapazitäten des Rationalisierungsmittelbaus entwickelt wurden, kommt es in der nächsten Etappe besonders darauf an, in Verbindung mit dem weiteren Ausbau dieser Kapazitäten das wissenschaftlich-technische Niveau der Eigenfertigung von Rationalisierungsmitteln zu erhöhen. Hauptwege hierzu sind eine verstärkte technologische Forschung, das enge Zusammenwirken der Technologie, der Konstruktion, des Rationalisierungsmittelbaus und der Produktion sowie die Erschließung aller Möglichkeiten zur rationellen Fertigung von Rationalisierungsmitteln (Nutzung von Kaufteilen, Kooperation von Baugruppen, Dokumentenaustausch, Kataloge der Rationalisierungsmittel, Erfahrungsaustausch u. a. m.).

4. Die Leitungsorganisation für den Bereich Wissenschaft und Technik sollte über-

schaubar und leitbar gestaltet werden, das heißt, es ist eine Vielstufigkeit und Zersplitterung in viele Ressortleitungen zu vermeiden. Notwendig ist in diesem Zusammenhang auch eine einheitliche Verantwortung sowohl für die Planung als auch für die Durchführung der wissenschaftlich-technischen Aufgaben. Die Leitung der wissenschaftlich-technischen Vorbereitung der Produktion sollte sich soweit wie möglich durchgängig von der Forschung bis zur Überleitung in die Produktion erstrecken. Das heißt, die innere Logik der produktionsvorbereitenden Prozesse muß durch eine entsprechende Leitungsorganisation gewährleistet werden, die möglichst wenig spezielle Ressortleitungen und damit „Nahtstellen" enthält.

Zur Vervollkommnung von Planung und wirtschaftlicher Rechnungsführung

Im Zusammenhang mit den durch die zentrale Kombinatsleitung wahrzunehmenden Aufgaben kommt der Qualifizierung der Kombinatsplanung entscheidende Bedeutung zu. Die Hauptarbeiten gehen in drei Richtungen:

— Ausbau der längerfristigen Planung. Mit ihren Dokumenten (vor allem der Intensivierungskonzeption des Kombinats) werden die Ergebnisse der analytisch-prognostischen Arbeit hinsichtlich der wissenschaftlich-technischen Entwicklung, der Markt- und Bedarfsentwicklung, der voraussichtlich einsetzbaren eigenen Ressourcen erfaßt und die Strategie des Kombinats vor allem auf dem Gebiet von Wissenschaft und Technik und für den Absatz der Erzeugnisse mit der Entwicklung aller Seiten des Reproduktionsprozesses der Kombinats koordiniert;

— Verbesserung der analytischen und normativen Grundlagen der Jahresplanung. Dies ist eine wesentliche Voraussetzung, um mit den staatlichen Plankennziffern solche Anforderungen an die Leistungs- und Effektivitätsentwicklung der Kombinatsbetriebe stellen zu können, die dem tatsächlichen Leistungsvermögen entsprechen, und einer formalen, undifferenzierten Aufschlüsselung von Planaufgaben entgegenzuwirken. Das ist – in Verbindung mit einer exakten materiellen und finanziellen Bilanzierung der innerhalb des Kombinats einsetzbaren Mittel zur Rationalisierung der Produktion und zur Erhöhung ihrer Effektivität – von entscheidender Bedeutung, um den Jahresplan als Steuerungsinstrument der Kombinatsleitung gegenüber den Kombinatsbetrieben einsetzen zu können;

— Vereinheitlichung der planmethodischen und der informationstechnischen Grundlagen der Planung im Kombinat im Interesse einheitlicher und zuverlässiger Informationen über das Leistungsvermögen und seine tatsächliche Nutzung in allen Bereichen des Kombinats sowie im Interesse der Senkung des Verwaltungsaufwandes, insbesondere durch den rationellen Einsatz informationstechnischer Mittel und den weiteren Ausbau der informationstechnischen Basis.

Über den komplexen Plan des Kombinats, die konsequente Anwendung der Ware-Geld-Beziehungen innerhalb des Kombinats sowie durch sinnvolle interne ökonomische und vertragsrechtliche Regelungen wird den Anforderungen des sozialistischen Staates an die Kombinate und ihre Betriebe zur bedarfsgerechten Produktion, zur Exporttätigkeit sowie zu hoher Effektivität der Produktion Rechnung getragen.

Eine wichtige Erfahrung besteht darin, daß die planmäßige Gestaltung des einheitlichen Reproduktionsprozesses des Kombinats ein längerfristiger gesellschaftlich-ökonomischer Prozeß ist und eine eigenverantwortliche langfristig-konzeptionelle Arbeit des Kombinats in enger Zusammenarbeit mit den zentralen staatlichen Organen verlangt. Eine ganze Reihe von Kombinaten konnte wertvolle Erfahrungen in der langfristig-konzeptionellen Arbeit zur Gestaltung des einheitlichen Reproduktionsprozesses bei der Vorbereitung der Fünfjahrplanzeiträume sammeln, aus denen sich verallgemeinernd sagen läßt, daß die Kombinatsplanung auf folgende inhaltliche Schwerpunkte konzentriert werden muß:

– Hauptrichtungen der Erzeugnis- und der Verfahrensentwicklung auf der Grundlage der Bedarfsentwicklung sowie wissenschaftlich-technischer Erkenntnisse und Prognosen;

– Entwicklung der Erzeugnisstruktur und der Standardisierung;

– Vertiefung der Arbeitsteilung und Spezialisierung der Produktion sowohl innerhalb des Kombinats als auch im nationalen und internationalen Rahmen über den Kombinatsmaßstab hinaus sowie Fortführung des Konzentrationsprozesses;

– Grundfondsreproduktion mit dem Ziel, die Grundfondseffektivität zu erhöhen und die Realisierung von Forschungs- und Entwicklungsergebnissen sowie von Vorhaben der Konzentration und Spezialisierung der Produktion zu sichern;

– Festlegung der Aufgaben der einzelnen Kombinatsbetriebe im einheitlichen Reproduktionsprozeß und Sicherung der daraus resultierenden Proportionen in der Produktions- und der Ressourcenverteilung;

– Arbeits- und Lebensbedingungen der Werktätigen mit dem Ziel des effektiven Mitteleinsatzes, der Durchsetzung einer einheitlichen leistungsfördernden Lohnpolitik und der Niveauangleichung zwischen den Betrieben bei allgemeiner Verbesserung der Arbeits- und Lebensbedingungen.

Die Wirksamkeit der Kombinatsplanung ist nicht zuletzt davon abhängig, wie es gelingt, die Wechselbeziehungen zwischen Planung und wirtschaftlicher Rechnungsführung im Kombinat richtig zu gestalten. Die Grundaufgabe der zentralen Leitung des Kombinats besteht hierbei darin, unter Ausnutzung der Kategorien der wirtschaftlichen Rechnungsführung bereits im Prozeß der Planung auf die günstigsten Aufwands- und Ergebnisrelationen sowohl für den Reproduktionsprozeß des Kombinats insgesamt als auch für jeden Kombinatsbetrieb hinzuwirken. Unmittelbar damit verbunden ist die Aufgabe, bewährte Methoden der sozialistischen Betriebswirtschaft, der innerbetrieblichen wirtschaftlichen Rechnungsführung, die die Kollektive auf konkrete Ziele zur Senkung des Ressourceneinsatzes, zur Steigerung der Arbeitsproduktivität und zur Selbstkostensenkung sowie zur Erhöhung der Qualität der Produktion orientieren (Vorgabe beeinflußbarer Kosten, Haushaltbuch, Gebrauchswert-Kosten-Analyse u. a. m.) in allen Kombinatsbetrieben zur Anwendung zu bringen und insbesondere die Erfahrungen gut arbeitender Kombinatsbetriebe auf alle anderen zu übertragen.

Untersuchungen in neugebildeten Kombinaten zeigen, daß die betriebswirtschaftlichen Probleme bei einem Teil der Kombinatsleitungen noch etwas im Hintergrund stehen. Das ist insofern verständlich, weil im Prozeß der Bildung des Kombinats häufig solche Fragen wie die Erfüllung der Plankennziffer „Industrielle Warenproduktion", die Erarbeitung längerfristiger Zielvorstellungen in Verbindung mit der Gestaltung der Produktionssortimente und der Arbeitsteilung im Kombinat, die Sicherung der notwendigen Zulieferungen und der Aufbau der Kombinatsleitung im Vordergrund stehen. Daraus erklärt sich auch die Tatsache, daß eine Anzahl von Kombinatsbetrieben in den Fragen der wirtschaftlichen Rechnungsführung noch weitgehend so arbeitet, wie in ihrem alten Unterstellungsverhältnis und auch das Informationssystem überwiegend „betriebsbezogen" organisiert ist. Die Generaldirektoren erhalten in vielen Fällen noch nicht leitergerecht aufbereitete Arbeits- bzw. Entscheidungsinformationen, das heißt, die Kombinatsbetriebe sind noch unzureichend in die wirtschaftliche Rechnungsführung des Kombinats integriert. Unter Berücksichtigung der Tatsache, daß die Basis für Kostenerfassung, Kostenplanung und Kostenbeeinflussung nach wie vor im einzelnen Betrieb liegt und die Fondsbildung und -verwendung auf der Grundlage der planmäßigen Entwicklung des gesamten Kombinats bereits vom Plan her vollständig gesteuert wird, treten für die zentrale Leitung des Kombinats, insbesondere bei neugebildeten Kombinaten, in den nächsten Jahren folgende Aufgaben im Bereich der wirtschaftlichen Rechnungsführung in den Vordergrund:

— Sicherung des mit der wirtschaftlichen Rechnungsführung verknüpften Informationssystems für das gesamte Kombinat, insbesondere für eine qualitativ bessere Analyse und Beurteilung des Leistungsvermögens und der tatsächlichen Leistung der einzelnen Bereiche, der Kombinatsbetriebe und des Kombinats als Ganzes;

— qualifizierte Anleitung der Kostenarbeit im umfassendsten Sinne – Vorgabe der Selbstkostensenkung, insbesondere in Verbindung mit Zielen und Maßnahmen des Planes Wissenschaft und Technik, Ausbau der auf die Selbstkostensenkung gerichteten Methoden der sozialistischen Betriebswirtschaft, Verbesserung der Normenarbeit, Kostenvorgaben für Vorhaben des Planes Wissenschaft und Technik und anderes mehr;

— Verbesserung der Arbeit auf dem Gebiet der Preisbildung, so daß das Kombinat seiner staatlichen Funktion hier voll nachkommen kann;

— Ausbau der Kontrollfunktion des Hauptbuchhalters im Kombinat.

Im Kern geht es darum, in jedem Kombinat die wirtschaftliche Rechnungsführung in ihrer Meßfunktion und mit den ihr eigenen Methoden der sozialistischen Betriebswirtschaft auf hohem Niveau für die Senkung der Selbstkosten und die Gewinnerwirtschaftung und damit für die Effektivität des Reproduktionsprozesses auszunutzen.

In untrennbarem Zusammenhang mit der Planung und der wirtschaftlichen Rechnungsführung steht die weitere Entwicklung der Leistungsbewertung der Kombinate und ihrer Betriebe. „Die festgelegten perspektivischen Grundrichtungen für die Stärkung unserer materiell-technischen Basis müssen mit Hilfe des Planes und der wirtschaftlichen Rechnungsführung fest mit dem Reproduktionsprozeß jedes Kombinates und Betriebes verbunden werden. Eine entscheidende Funktion kommt dabei der Leistungsbewertung zu. Was für die Volkswirtschaft von Nutzen ist, das muß auch für die Kombinate und Betriebe vorteilhaft sein. Wenn also Kombinate und Betriebe mit weniger Rohstoffen, Energie und Material mehr Endprodukte herstellen, dann sollte sich das in ihren qualitativen und quantitativen Kennziffern noch stärker positiv niederschlagen. Nur dann wird tatsächlich auf Leistungen orientiert, die volkswirtschaftlich wertvoll sind. Und das ist das Kernproblem."[2]

Um diesen Forderungen zu entsprechen, werden ab 1. März 1980 die Plankennziffern „Nettoproduktion" und „Grundmaterialkosten je 100 Mark Warenproduktion" der Leistungsbewertung der Kombinate und Betriebe gemeinsam mit der Kennziffer „Industrielle Warenproduktion" und anderen, qualitativen Kennziffern zugrunde gelegt. Mit der Einführung dieser drei Grundkennziffern in die Leistungsbewertung wird – unter Beachtung ihres inneren Zusammenhangs und ihrer spezifischen Aussage – die eigene Leistung und der Beitrag zur Senkung des spezifischen Energie- und Materialverbrauchs

[2] Ebenda, S. 41.

besser sichtbar. Sie sind im Zusammenhang mit solchen qualitativen Kennziffern wie Anteil der Warenproduktion mit dem Gütezeichen „Q“, Steigerung der Arbeitsproduktivität und anderen unabdingbare Grundlage der Leitungstätigkeit und des sozialistischen Wettbewerbs. Dabei gilt der Grundsatz, daß die Leistungsbewertung im Interesse von Überschaubarkeit, Vergleichbarkeit und damit Handhabbarkeit auf wenige Kennziffern beschränkt bleibt. Das ist unerläßlich für die Orientierung der Parteiorganisationen, die Entwicklung der Initiative der Betriebskollektive und die Führung des sozialistischen Wettbewerbs.

Eine andere Frage ist, daß die Leistungsbewertung in den Kombinaten durch genaue Analysen der Leistungsentwicklung ergänzt bzw. untermauert werden sollte. Sonst bleibt eine Reihe wichtiger realer ökonomischer Prozesse und ökonomischer Ergebnisse außerhalb der Betrachtung. Relativ hoch aggregierte Kennziffern lassen nur bedingt Schlüsse über die Deckung des Bedarfs in Qualität, Quantität und Sortimentsstruktur, die erforderlichen Termine und Fristen sowie die effektive Nutzung der Produktionsressourcen zu. Erforderlich sind genauere Analysen der Leistungsentwicklung, die von einer Grundfrage ausgehen: Wie hat das Kombinat seine Potenzen und Möglichkeiten im Planzeitraum genutzt, um den Bedarf der Volkswirtschaft mit – hinsichtlich Gebrauchseigenschaften und Kosten – weltmarktfähigen Erzeugnissen und Leistungen zu decken sowie jene Voraussetzungen zu schaffen, die den in den Folgezeiträumen erforderlichen Effektivitätszuwachs sichern?

Es gibt drei schwerwiegende Gründe, die Planabrechnung zur Grundlage umfassenderer Leistungseinschätzung zu machen:

1. Die Grundaufgabe jedes Kombinats besteht in der Deckung des Bedarfs der Volkswirtschaft mit dem effektivsten Einsatz der Mittel. Die Erfüllung von Kennziffern spiegelt das nur mehr oder weniger genau wider. „Es ist notwendig, auf kommunistische Art und Weise an die Beurteilung der Plankennziffern heranzugehen und genau zu analysieren, worin die wirklichen Ursachen für ihre Erfüllung bzw. Nichterfüllung liegen. Die Parteiorganisationen und die verantwortlichen Staats- und Wirtschaftsorgane sollten eine strenge Kontrolle darüber ausüben, *wie* die Erfüllung des Produktionsplanes zustande gekommen ist. Wo dies auf Kosten einer nicht dem Bedarf genügenden Produktion oder der Qualität geschehen ist, sollten entsprechende Schlußfolgerungen für die Beurteilung der Leistungen gezogen und Maßnahmen zur Veränderung eingeleitet werden. Das sind bereits schon nicht mehr allein Fragen der Gestaltung der Kennziffern und der Abrechnung, sondern Fragen des gesellschaftlich verantwortungsbewußten Verhaltens.“[3]

2. Objektiver Maßstab des Wirtschaftens in einer auf höchste volkswirtschaftliche Effektivität orientierten sozialistischen Volkswirtschaft kann nur das internationale technisch-ökonomische Niveau der Produktion sein. Da die Plankennziffern und ihre Erfüllung die Relation hierzu nur sehr bedingt zum Ausdruck bringen, ist es unerläßlich, den tatsächlich erreichten Stand kompromißlos zu analysieren, um vorhandene oder neu auftretende Rückstände zu erkennen, deren Überwindung im Interesse der Beseitigung von Effektivitätsverlusten in jedem Fall das Ziel entsprechender kurz- und langfristig einzuleitender Maßnahmen sein muß.

3. Erst die über die Abrechnung einzelner Plankennziffern hinausgehende Analyse

[3] Bericht des Zentralkomitees der Sozialistischen Einheitspartei Deutschlands an den IX. Parteitag der SED, Berichterstatter: Genosse Erich Honecker, Berlin 1976, S. 87.

der Wirtschaftstätigkeit des Kombinats gibt die Möglichkeit, eine reale Einschätzung des Leistungsvermögens zu gewinnen und entsprechende Konsequenzen für die Entscheidung in den folgenden Planzeiträumen zu ziehen.

Zur Organisation der Kombinatsleitung

Für die Durchführung des Planes gewinnen vor allem eine produktionsnahe und einheitliche Leitung im gesamten Kombinat sowie die politische Erziehung der Leiter auf allen Ebenen zur vollen Wahrnehmung ihrer Verantwortung an Gewicht. Eine Leitungsorganisation, durch die die Aufgaben und die Verantwortung der Leiter klar abgegrenzt und das Zusammenwirken zur Durchführung gemeinsamer Aufgaben geregelt wird, gestattet es der Kombinatsleitung, die Erfüllung des Planes vorausschauend zu sichern, erforderliche operative Entscheidungen rasch zu fällen und das für die Erfüllung des Planes notwendige abgestimmte Vorgehen im gesamten Kombinat zu gewährleisten.

Das Kombinat ist die einheitliche Grundform der großen Wirtschaftseinheit in Industrie und Bauwesen der DDR. Da gleichzeitig der Grad der Vergesellschaftung der Produktion, der Einfluß des wissenschaftlich-technischen Fortschritts, die Bedingungen des Absatzes, der Versorgung sowie der inneren Kooperation im Kombinat in den verschiedenen Industriezweigen sehr differenziert sind, ergeben sich mit Notwendigkeit verschiedene organisatorische Lösungen für die durch die Leitung des Kombinats zu lösenden Aufgaben. In Abhängigkeit von den konkreten Reproduktionsbedingungen des einzelnen Kombinats haben sich drei Grundtypen der Organisation der zentralen Leitung des Kombinats herausgebildet:

- die Leitung des Kombinats durch die Leitung des Stammbetriebes im Kombinat,
- die Leitung des Kombinats über eine selbständige Kombinatsleitung,
- die Leitung des Kombinats (entweder über den Stammbetrieb oder mit selbständiger Kombinatsleitung) unter Einsatz von Leitbetrieben.

Bei der Leitung des Kombinats durch die Leitung des Stammbetriebes nimmt bekanntlich dessen Leitungsapparat zugleich die Aufgaben der Leitung und Planung des Reproduktionsprozesses des Kombinats wahr, und der Generaldirektor des Kombinats ist gleichzeitig Direktor des Stammbetriebes. Bewährt hat sich diese Form der Leitung vor allem dort, wo der Stammbetrieb einen bedeutenden Teil der Produktion des Kombinats liefert und die Reproduktionskraft, das technisch-ökonomische Niveau sowie das wissenschaftlich-technische Potential des Stammbetriebes ausreichen, um die materiellen Bedingungen für die Entwicklung des einheitlichen Reproduktionsprozesses im gesamten Kombinat zu sichern. Die Leitung über den Stammbetrieb erfordert einen relativ geringeren Leitungs- und Verwaltungsaufwand.

Eine selbständige zentrale Leitung von Kombinaten hat sich vor allem dort entwickelt, wo kein geeigneter Stammbetrieb ausgewählt werden konnte bzw. wo die Kompliziertheit der Aufgaben und der Struktur des Kombinats (z. B. bei der Entwicklung und der Produktion ganzer Maschinensysteme) eine Leitung über den Stammbetrieb ausschließt. In der Regel sind auch diese Kombinatsleitungen fest mit dem Reproduktionsprozeß verbunden und üben neben der zentralen Leitung des Produktionsprozesses insgesamt zentralisierte bzw. konzentrierte produktive Funktionen aus. Bei den Kombinatsleitungen sind solche Aufgaben wahrzunehmen wie grundlegende Aufgaben in Forschung und Entwicklung, auf dem Gebiet der Projektierung, der Materialbeschaffung, der Kooperation, des Absatzes und insbesondere des Exports, des Rationalisierungsmittelbaus.

Die mit der Erweiterung bzw. der Neubildung von Kombinaten verbundene Entwicklung großer Wirtschaftseinheiten führte zur Leitung einiger Kombinate mit Hilfe von Leitbetrieben. Das trifft zu, wenn das Potential mehrerer Industriezweige in einem Kombinat vereinigt wurde, eine höhere Spezialisierung nach Fertigerzeugnissen und eine große Zersplitterung der Produktionsbetriebe vorhanden ist. Stellung, Verantwortung und Arbeitsweise der Leitbetriebe sind dabei stets so festzulegen, daß sie die Herausbildung des geschlossenen Reproduktionsprozesses im Kombinat fördern. Die Leitbetriebe stellen keine gesonderte Leitungsebene mit speziellem Apparat dar, sondern ihre Direktoren handeln als Beauftragte des Generaldirektors bzw. sind gleichzeitig stellvertretende Generaldirektoren. Für das Kombinat nehmen die Leitbetriebe vor allem solche Aufgaben wahr wie die Ausarbeitung und die Abstimmung langfristiger Konzeptionen für die Entwicklung des Leitbetriebsbereiches, die Erarbeitung von Vorschlägen für die Perspektiv- und die Jahrespläne und die Aufschlüsselung der Plankennziffern auf die Betriebe des Bereiches, die Sicherung einer stabilen Plandurchführung sowie die Durchführung von Maßnahmen zur Erhöhung der Effektivität des Reproduktionsprozesses durch die Rationalisierung der Produktion.

Die Tatsache, daß sich etwa 30 Prozent der Kombinate der Industrie in ihrer Leitungstätigkeit auf Leitbetriebe stützen, verdeutlicht, daß die Leitbarkeit bei Kombinaten mit einer großen Zahl eigenverantwortlicher Betriebe keineswegs so leicht zu sichern ist. Gleichzeitig wächst die Tendenz, mehrere selbständige Betriebe im Kombinat zu einem größeren Kombinatsbetrieb zusammenzuschließen. Soweit die hierfür erforderlichen Voraussetzungen vorhanden sind, es sich tatsächlich um eine Konzentration auf ökonomischer Grundlage handelt, ist dagegen nichts einzuwenden. Gleichzeitig zeigen aber die Erfahrungen, daß jede formale Betriebszusammenlegung keine Effektivitätssteigerung mit sich bringt, sondern zu Verlusten führt. Die weitere Konzentration und Spezialisierung der Produktion darf keinesfalls als ausschließliche Orientierung auf die Bildung von Großbetrieben angesehen werden, obwohl der Großbetrieb ein bestimmendes Merkmal der Kombinate ist. Juristisch selbständige und ökonomisch eigenverantwortliche Mittel- und Kleinbetriebe spielen bei der Befriedigung spezifischer Bedürfnisse oder bei der Ausnutzung bestimmter Produktionsbedingungen eine wichtige Rolle, indem sie zum Beispiel die Großproduktion durch spezifische Erzeugnisse oder Sortimente ergänzen, schneller auf wechselnde Verbraucherwünsche reagieren, ein begrenztes Aufkommen an Rohstoffen, Sekundärrohstoffen oder Nebenprodukten in volkswirtschaftlich effektiver Weise verwerten. Der Status als juristisch selbständiger und ökonomisch eigenverantwortlicher Kombinatsbetrieb ist nicht in erster Linie von der absoluten Größe des Betriebes abhängig zu machen, sondern muß durch solche Faktoren bestimmt werden wie die Stellung im Reproduktionsprozeß des Kombinats, die Rolle im System der gesellschaftlichen Arbeitsteilung und Spezialisierung und die spezifischen Aufgaben bei der Bedarfsbefriedigung. Von solchen Überlegungen sind daher auch die zweckmäßigsten wirtschaftsorganisatorischen Lösungen abhängig.

Untersuchungen in einer größeren Zahl neugebildeter Kombinate zeigen, daß in der Mehrzahl dieser Kombinate die unmittelbaren Anfangsschwierigkeiten der neuen Organisation in erfreulich kurzer Zeit überwunden werden konnten. Wo das nicht gelang, wo das neue Kombinat noch nicht in erforderlichem Maß in der volkswirtschaftlichen Leistungsentwicklung Schritt gefaßt hat, zeichnen sich vor allem drei Komplexe ab, bei denen das Kombinat häufig auch der Unterstützung von seiten der Staatsorgane bedarf, da es allein aus eigener Kraft diese Probleme nicht lösen kann:

1. *bei der richtigen Auswahl und dem zweckmäßigsten Einsatz der Leitungskader.* Die kadermäßigen Voraussetzungen für eine qualifizierte und wirksame Kombinatsleitung zu sichern erweist sich besonders dort als problematisch, wo es nicht möglich war, auf einen bestehenden Großbetrieb als Stammbetrieb des Kombinats zurückzugreifen und demzufolge entweder ein Stammbetrieb erst (mitunter aus mehreren vormals selbständigen Betrieben) neu herausgebildet bzw. eine selbständige Kombinatsleitung auf der Basis ehemaliger VVB und ihrer Einrichtungen aufgebaut werden mußte. In beiden Fällen besteht das Hauptproblem darin, die neue Kombinatsleitung und die mit der Wahrnehmung der Leitungsfunktionen beauftragten Kader in ihrer Leitungstätigkeit auf die für gut wirtschaftende Kombinate charakteristische Produktionsnähe und auf die Entwicklung des Reproduktionsprozesses des gesamten Kombinates auszurichten. Das ist im ersten Fall wichtig, weil die Leitungskader die Probleme sehr häufig noch ausschließlich unter dem Blickwinkel des Stammbetriebes sehen, im zweiten Fall, weil es intensiver Erziehungsarbeit bedarf, um von dem für die VVB typischen zu einem Leitungsstil überzugehen, der den Ansprüchen der großen Wirtschaftseinheiten gerecht wird;

2. *bei der Bestimmung der langfristigen Ziele und der volkswirtschaftlichen Einordnung des Kombinats.* Zu Recht hoben Generaldirektoren bei dem durch das Zentralkomitee der SED organisierten Erfahrungsaustausch hervor, daß klare konzeptionelle Vorstellungen und die Auseinandersetzung um längerfristig anzusteuernde volkswirtschaftliche Ziele des Kombinats in der Kombinatsleitung mit den Direktoren der Kombinatsbetriebe für das Zustandekommen einheitlicher Standpunkte und für das auf das Kombinat als Ganzes ausgerichtete Handeln entscheidend sind. Orientiert sich die Kombinatsleitung einseitig auf die operative Leitung, in erster Linie was die Planerfüllung in der industriellen Warenproduktion betrifft, dann wird die Herausbildung des relativ geschlossenen Reproduktionsprozesses im Kombinat behindert; es droht die Gefahr, daß die Kombinatsbetriebe ihre „eigene Strategie" verfolgen und dementsprechend „zentrifugale Kräfte" in der Leitung wirksam werden, die es nicht gestatten, die Vorzüge der großen Wirtschaftseinheit effektiv zu nutzen;

3. *bei der Sicherung der technisch-ökonomischen Bedingungen,* um sowohl die Aufgaben des Jahresplanes als auch die langfristig anvisierten Ziele erreichen zu können. Natürlich sind diese Bedingungen vor allem durch eigene Anstrengungen des Kombinats, durch den zielstrebigen Einsatz seines Potentials zu schaffen. Aber es darf auch nicht übersehen werden, daß in einigen Kombinaten der sehr differenzierte Zustand der Grundfonds (mit zum Teil hoher Überalterung von Ausrüstungen), unterschiedliche soziale Bedingungen und unzureichend gelöste Fragen der materiell-technischen Versorgung die Kombinatsleitung vor Probleme stellt, die sie allein nicht lösen kann, für die entsprechende volkswirtschaftliche Voraussetzungen mit Hilfe der zentralen staatlichen Leitung geschaffen werden müssen.

Zur Verantwortung der Kombinate auf außenwirtschaftlichem Gebiet

Insbesondere in den letzten Jahren wurde deutlich, daß die Außenwirtschaft in der Arbeit der Kombinate zu einer Grundfrage für das wirtschaftliche Wachstum, für die Dynamik und die Stabilität der Entwicklung geworden ist. Alle Maßnahmen volkswirtschaftlicher Größenordnung in Forschung, Entwicklung und bei der Stärkung der materiell-technischen Basis müssen mit der Erhöhung der Außenwirtschaftseffektivität verbunden werden. Die Vorbereitung und die Realisierung anspruchsvoller Zielstellungen zur Entwicklung der Außenwirtschaftsbeziehungen besonders des Exports, ist eine grundlegende Aufgabe der Leitung und Planung in den Kombinaten.

Der Beitrag der Kombinate zur Lösung der Aufgaben auf außenwirtschaftlichem Gebiet leitet sich aus ihrer Verantwortung zur effektivsten Befriedigung des gesamtgesellschaftlichen Bedarfs in der DDR ab. Bei einer Volkswirtschaft, die wie die der DDR stark mit den äußeren Märkten verflochten ist, können Kombinate dieser Verantwortung nur gerecht werden, wenn die Außenwirtschaftstätigkeit immanenter Bestandteil der einheitlichen Leitung und Planung der Reproduktion im Kombinat ist. Besonders auf folgenden Teilgebieten tragen die Kombinate eine hohe Verantwortung:

— bei der Messung des Niveaus der Produkte und der Produktion an internationalen Maßstäben, die objektiv an Qualität, Weltmarktfähigkeit, Kosten und Absatz gestellt sind;

— bei der Ausarbeitung begründeter Vorschläge und Lösungsvarianten für die Entwicklung der Produktions- und der Absatztätigkeit des Kombinats. Sie sind als Vorschläge für die zentralen Organe zu gestalten und zugleich als eigener Vorlauf für die Organisierung des Leistungszuwachses mit den verfügbaren Ressourcen. Eine wesentliche Rolle hierbei spielt die staatliche Aufgabe der Bilanzfunktion für die festgelegte Erzeugnisnomenklatur;

— bei der Wahrnehmung der Aufgaben in Arbeitsgremien der mehrseitigen und der zweiseitigen Zusammenarbeit der RGW-Staaten;

— bei der Verankerung der staatlichen Aufgaben des Exports und des Imports im Plan des Kombinats und Einleitung aller notwendigen Maßnahmen zur Planerfüllung;

— bei der Sicherung einer hocheffektiven Absatz- und Bezugstätigkeit in enger Gemeinsamkeit und Verzahnung mit den Außenhandelsbetrieben.

Durch die objektiven Anforderungen entsprechende Entwicklung der Produktions-, der Export- und der Importstruktur müssen wesentliche Reserven erschlossen werden, um den Leistungsanstieg in der Volkswirtschaft zu sichern, der für die Versorgung der Volkswirtschaft mit Roh- und Brennstoffen notwendig ist. Dazu ist besonders in solchen Kombinaten ein hohes Entwicklungstempo vorzusehen, die in der Lage sind, mit sinkendem nationalem Aufwand je erzielbarer Valutaeinheit hohe Exportüberschüsse zu erwirtschaften. Moderne Technologien zu beherrschen und Erzeugnisse von hohem Niveau herzustellen erweist sich als die wichtigste Voraussetzung, wenn die Kombinate daran arbeiten, gute wirtschaftliche Positionen auf den Weltmärkten zu behaupten und auszubauen.

Wie Erfahrungen in gut arbeitenden Kombinaten beweisen, hat sich dabei der Grundsatz bestätigt, daß Erzeugnisse mit hohem wissenschaftlich-technischem Niveau auch mit „Spitzenleistungen“ in der Absatztätigkeit auf den äußeren Märkten verkauft werden müssen. Das bedeutet, daß von den Kombinaten in Verbindung mit den Außenhandelsbetrieben alle Voraussetzungen zu schaffen sind, mittels einer aktiven Marktbearbeitung, des Kundendienstes, der Ersatzteilversorgung und der Reklamationsbearbeitung die Waren zu den höchstmöglichen Preisen und den vorteilhaftesten Bedingungen zu verkaufen. So, wie Erzeugnisse mit geringer Qualität und niedrigem wissenschaftlich-technischem Niveau durch die beste Absatztätigkeit nicht zu hohen ökonomischen Ergebnissen führen können, werden die besten Erzeugnisse bei ungenügender Absatztätigkeit nicht die erwarteten ökonomischen Effekte bringen. Darum besteht die Forderung – gleichermaßen wie an das wissenschaftlich-technische Niveau der Erzeugnisse, die Technologie und die Produktionstechnik – hohe Maßstäbe an die Exporttätigkeit anzulegen und auch die Absatzaktivitäten an internationalen Bestwerten zu orientieren. Dabei muß berücksichtigt werden, daß der Export nach den verschiedenen Wirtschaftsgebieten eine immer langfristigere Planung der Vorbereitung in bezug auf Kader, Mittel, Methoden und Wege der Absatztätigkeit verlangt, um erforderliche ökonomische Ziele mit hohen Ansprüchen erreichen zu können. Eine entscheidende Aufgabe besteht darin, den Absatz der Erzeugnisse unter den Bedingungen der verschiedenen Märkte so rechtzeitig vorzubereiten, daß er ohne Zeitverzug, in der für eine ökonomische Herstellung notwendigen Menge und zu den vorgesehenen Preisen gesichert werden kann. Die Verantwortung der Mitarbeiter in den Absatzbereichen für bedeutende ökonomische Ergebnisse erstreckt sich nicht nur darauf, daß sie durch gründliche Vorbereitung der Preisverhandlungen höchstmögliche Preise erzielen, sondern es geht auch um eine hohe Devisenrentabilität, indem Erzeugnisse, die eine kostengünstige Produktion gewährleisten, mit hohen Marktanteilen verkauft werden. Erst dadurch wird ein entscheidender Beitrag geleistet, um die Gesamtaufwendungen für die Erwirtschaftung von Valutaeinheiten zu reduzieren. Diese Vorgehensweise verlangt in der Praxis der Kombinate eine klare politisch-ideologische Position zur aktiven Vorbereitung und Durchführung der Marktarbeit, die vor allem von den Prämissen der ökonomischen Ergebnisse der Reproduktion diktiert wird.

Durch die zunehmend härter werdenden Konkurrenzbedingungen bei notwendig steigenden Umsätzen und vielschichtigen Erfordernissen der unterschiedlichen Märkte sowie dem damit verbundenen Aufwand für den Absatz selbst erhöhen sich die notwendigen finanziellen Vorleistungen auf den Märkten, steigen die Zirkulationskosten und beeinflussen die Gesamtkosten im Kombinat immer stärker. Auch auf diesem Gebiet ist deshalb die rationelle Entwicklung der Absatztätigkeit nach internationalen Maßstäben von erstrangiger Bedeutung. Lückenloser Ausweis des Aufwands und des Ergebnisses, aussagefähige Vor- und Nachkalkulationen, Nutzensrechnungen zum Beispiel bei Investitionen für die Absatzorganisation auf einzelnen Märkten und internationale Weltstandsvergleiche bei der Vorbereitung und der Durchführung der Absatztätigkeit, der Wahl von Mitteln und Methoden – der Technologie der Absatztätigkeit – sind deshalb ebenso wichtig wie in anderen Phasen des Reproduktionsprozesses.

Hohe Ergebnisse in der Exporttätigkeit werden in solchen Kombinaten erreicht, die sich reaktionsschnell auf Marktanforderungen einstellen können. Deshalb ist die Gestaltung einer bedarfsgerechten Produktion für eine hocheffektive Exporttätigkeit von großer Bedeutung. Informationen vom Anwender über den Markt sind unerläßlich. Wird der Bedarf auf dem Markt hinsichtlich Menge, Gebrauchswert und Preis nicht ausreichend berücksichtigt, so werden Waren produziert, die nicht absatzfähig sind. Vom Markt, der Realisierungsphase, gehen wichtige Impulse für eine zweckmäßige Gestaltung des Reproduktionsprozesses aus.

In der Mehrzahl der Kombinate wurden aus diesen Zusammenhängen wichtige praktische Leitungskonsequenzen für die richtige Einordnung der Absatz- und Exporttätigkeit in die gesamte wirtschaftliche Tätigkeit der Kombinate gezogen, und aus der Arbeit der Absatzkollektive gemeinsam mit den Handelsbetrieben gelangen wichtige Erkenntnisse über den Bedarf, die Nachfrage und die allgemeine Marktlage in die Konstruktion und in die Produktion, die auch bei der Gestaltung des Produktionsprogramms und bei der Planungstätigkeit in den Kombinaten berücksichtigt werden.

Verantwortung für die Vorbereitung und die Realisierung von effektiven und rationellen Außenhandelsprozessen tragen sowohl die Kombinate als auch die Außenhandelsbetriebe. Sie besteht objektiv und unabhängig von dem jeweiligen Unterstellungsverhältnis des Außenhandelsbetriebes. In jedem Fall ist eine rationelle Gestaltung der arbeitsteiligen Beziehungen erforderlich, deren konkrete Form vor allem von der Spezifik der Waren und der Märkte abhängt. Dabei haben sich verschiedene Formen der Gestaltung der Absatz- und der Bezugstätigkeiten bewährt.

Dort, wo in hohem Maß Sortimentierungs- und Komplettierungsfunktionen durchzuführen sind, hat es sich als zweckmäßig erwiesen, daß zentral unterstellte Außenhandelsbetriebe diese Aufgabe auch künftig wahrnehmen.

Großen stabilen Kombinaten, die ein hohes Exportvolumen erbringen, ein geschlossenes Erzeugnis- bzw. Leistungssortiment repräsentieren, ist ein Außenhandelsbetrieb zugeordnet. Hier besteht die Möglichkeit, die Potentiale in Forschung, Entwicklung und Produktion wirkungsvoller für die Verkaufstätigkeit zu nutzen und eine größere Komplexität und Flexibilität in Entscheidungen zur Produktion und zum Absatz zu erreichen. Ähnliche Faktoren sind maßgebend für eine Unterstellung von Außenhandelsbetrieben unter Industrieministerien. Es geht hier nicht um eine Verbesserung der Zusammenarbeit von Produktion und Außenhandel im herkömmlichen Sinne, sondern um die inhaltlich einheitliche Gestaltung der Reproduktion, einschließlich der Absatz- und der Bezugstätigkeit auf den Außenmärkten.

Als eine spezifische Form der stärkeren Mitwirkung der Kombinate bei der Lösung von Exportaufgaben wird die Eigengeschäftstätigkeit entwickelt. Auf der Grundlage abzuschließender Vereinbarungen mit dem jeweiligen Außenhandelsbetrieb werden insbesondere in Kombinaten der chemischen Industrie, der Leichtindustrie, der bezirksgeleiteten und Lebensmittelindustrie Voraussetzungen dafür geschaffen. Dazu gehört vor allem die Bereitstellung einer entsprechenden Anzahl qualifizierter Kader für die Marktarbeit, die Sicherung der materiellen Bedingungen sowie die zweckmäßige Gestaltung wirtschaftsorganisatorischer Fragen im Kombinat.

Die Durchführung von Komplexwettbewerben zwischen Kombinat und Außenhandelsbetrieb dient der Erhöhung der gemeinsamen Verantwortung und der gemeinsamen Anstrengungen der Wettbewerbspartner für die Erfüllung der anspruchsvollen Exportaufgaben und wird vor allem von den gesellschaftlichen Organisationen getragen. Allen Formen muß gemeinsam sein:

- die strikte Einhaltung des Angebots- und des Nachfragemonopols,
- die Gewährleistung des einheitlichen Auftretens aller am Außenhandel Beteiligten auf den Außenmärkten,
- die Sicherung einer einheitlichen Planung, Kontrolle und Abrechnung der Exporte und der Importe sowie der Einhaltung von Kredit-, Zoll- und Transportbestimmungen.

Bei allen weiteren Schritten zur Gestaltung der arbeitsteiligen Beziehungen in und zwischen den Wirtschaftseinheiten der Industrie und den Außenhandelsbetrieben ist das Hauptkriterium eine bedeutende Erhöhung der Effektivität und der Rationalität der Außenhandelstätigkeit sowie eine Verkürzung der Dauer der Zirkulationsprozesse.

2. Diskussion

B. Thieme

Erfahrungen und Verallgemeinerungen der Leitung und Planung von Wissenschaft und Technik und der Beherrschung komplexer Neuerungsprozesse im Kombinat

Der Geraer Erfahrungsaustausch des ZK der SED mit den Generaldirektoren der Kombinate und den Parteiorganisatoren des ZK der SED in den Kombinaten war auch für uns eine unmittelbare Anleitung zum Handeln im Sinne der 11. Tagung des Zentralkomitees. Wir haben diesen bedeutungsvollen Erfahrungsaustausch mit den Parteikollektiven, den Arbeitskollektiven und Leitern so ausgewertet, daß von allen Kombinatsbetrieben die Verpflichtungen zur Erfüllung und gezielten Überbietung der Planaufgaben vorliegen. Dabei konzentrieren wir uns in der politisch-ideologischen Arbeit auf die weitere Stärkung des Kollektivs der Kommunisten und aller Werktätigen, um die Leistungsbereitschaft weiter zu erhöhen und neue Aktivitäten zur erfolgreichen Weiterführung der Hauptaufgabe zu entwickeln.

Ausgehend von der breiten und gründlichen Auswertung des Geraer Erfahrungsaustausches, haben sich die Kommunisten des Kombinates für die Sicherung höchster Leistungen im Wettbewerb zum X. Parteitag formiert. Die weitere Qualifizierung und rationelle Gestaltung der Leitung und Planung des Kombinates ist eine vorrangig zu lösende Aufgabe in diesem Prozeß.

Die moderne Leitung der sozialistischen Industrie durch Kombinate ist ein ausschlaggebender Effektivitätsfaktor. Mit der Bildung der Kombinate wird die prinzipielle Frage des strategischen Vorgehens bei der Vervollkommnung der Leitung und Planung aufgeworfen. Zu den wichtigsten Vorzügen des Kombinates zählt, daß das Kombinat über eine große wirtschaftliche Kraft verfügt und jede Phase des Reproduktionsprozesses mit hoher Effektivität realisiert werden kann. Im Kombinat werden die Vorzüge der Arbeitsteilung und Spezialisierung bestimmter Teilprozesse vorrangig genutzt.

Wir haben einen hohen Zeitaufwand nicht gescheut, um alle im Kombinat anstehenden Grundfragen mit der Bildung des Kombinates in der Kombinatsleitung und im Rat der Parteisekretäre unter aktiver Mitwirkung der Betriebsdirektoren zu beraten und somit systematisch die Einheitlichkeit des Denkens und Handelns bei der Entwicklung der Leitung, Planung und Organisation zu erarbeiten.

Im Kombinat wurden die Entscheidungen über die Aufgabenabgrenzung und die Stellung und Aufgaben der Generaldirektoren, der Kombinatsbetriebe, des Zentrums Forschung und Technik, des Außenhandelsbetriebes, des Ingenieurbetriebes für Projektierung und Rationalisierung und des Sondermaschinen- und Fertigungsmittelbaues sowie anderer Spezialbetriebe getroffen und die notwendigen Maßnahmen zur Wahrnehmung der einheitlichen Leitung festgelegt.

Die neuen Dimensionen in der Wirtschaftsorganisation gestatten, einen entscheidenden Beitrag zu leisten, um die Proportionalität im Kombinat wesentlich günstiger zu gestalten und zu verbessern.

Die Entwicklung des Kombinates gestattet die Qualifizierung solcher Relationen wie

- Stärkung der Phase Vorbereitung, um eine höhere Kontinuität in der Phase Durchführung zu erreichen,
- Finalproduktion zu Ersatzteilproduktion,
- Finalproduktion zu Zulieferproduktion
- günstige Relation Hauptprozeß zu Nebenprozessen, wie Transport und Lagerwirtschaft.

Der konzentrierte Einsatz wissenschaftlich-technischer Kapazitäten, der Produktionskapazitäten, Kapazitäten wichtiger Zulieferer sowie Kapazitäten des Binnen- und Außenhandels sichert, daß das Tempo und der Umfang sowie das wissenschaftlich-technische Niveau der Entwicklung, Produktion und des Absatzes der Maschinensysteme, Schlüsselmaschinen und Anlagen den Anforderungen der sozialistischen Landwirtschaft der DDR, der Mitgliedsländer des RGW und des Exports in das NSW besser entspricht. Im Mittelpunkt dieser Arbeit steht die Durchsetzung der bestimmenden Rolle von Wissenschaft und Technik zur effektiven Nutzung der sich rasch entfaltenden Produktivkräfte.

Wie wir an die Lösung von Aufgaben zur komplexen Beherrschung von Neuerungsprozessen herangegangen sind und welche Erfahrungen im Kombinat vorliegen, möchte ich am Beispiel der Vervollkommnung der Leitung, Planung und Organisation der Ersatzteilwirtschaft sichtbar machen.

Dem VEB Kombinat Fortschritt Landmaschinen wurde die Aufgabe gestellt, die materiell-technische Basis für die Landwirtschaft der DDR, für wichtige Mechanisierungskomplexe der UdSSR und der anderen RGW-Länder sowie für einen überdurchschnittlichen Zuwachs des NSW-Exportes zu organisieren.

Die weitere Intensivierung der landwirtschaftlichen Produktion setzt voraus, Maschinen mit modernstem technischem Niveau und zugleich mit einem höheren Niveau der Ersatzteilversorgung zu sichern. Aus den vorgenannten Erfordernissen sowie unter Beachtung der Gesamtentwicklung des Kombinates besteht ein besonderer Schwerpunkt darin, die Ersatzteilwirtschaft im Komplex zu rationalisieren. Unter den konkreten Bedingungen des Kombinates geht es um 1,5 Mrd. M Eigenproduktion und 750 Mio M Zulieferungen. Ein bedeutendes Ziel ist, jährlich Zuwachsraten in der Ersatzteilproduktion von mehr als 15% zu erreichen.

Die technisch-ökonomische Zielstellung für das komplexe Vorhaben der Rationalisierung der Ersatzteilwirtschaft enthält unter anderem folgende Ziele:

Mechanisierungsgrad	69,5%
Steigerung der Arbeitproduktivität	365,8%
Verminderung der Arbeitsplätze	175 VbE
Senkung der Umlaufmittel	46,6 Mio M
Senkung der Verfahrenskosten in der sozialistischen Landwirtschaft	15,8 Mio M
Sicherung von Reaktionszeiten, bezogen auf die Bereitstellung der Ersatzteile von der Vereinnahmung bis zur Bereitstellung für den Versand	
Sofortbedarf innerhalb von	24 h
Inland	3 Tage
Export SW/NSW	5 Tage

Im Ergebnis der analytisch-prognostischen und langfristig-konzeptionellen Arbeit wurde 1972 die Aufgabe gestellt, die Rationalisierung der Ersatzteilwirtschaft im Komplex und unter Errichtung eines zentralen Lagers für Ersatzteile (ZLE) durchzuführen. Für das Investitionsvorhaben wurde eine technisch-ökonomische Konzeption ausgearbeitet. Durch die Errichtung des ZLE an einem Standort galt es, bisher 90 verschiedene Lagerorte für die Ersatzteillagerung aufzulösen.

Die Vorbereitung des Investitionsvorhabens erfolgte durch den leistungsfähigen Kombinatsbetrieb, den Ingenieurbetrieb für Rationalisierung und Projektierung Dresden, die organisatorischen und rechentechnischen Leistungen wurden im vorgenannten Betrieb und im Organisations- und Rechenzentrum Neustadt sowie durch weitere Nachauftragnehmer realisiert.

Erstmalig wurde auf dem Gebiet der Ersatzteilwirtschaft eine komplexe Vorgehensweise der Rationalisierung durchgesetzt und Ziele gestellt, die Prozesse der komplexen Rationalisierung und damit ein einheitliches Niveau der Planung, des Verkaufs, der Lager- und Versandwirtschaft bis hin zu den betriebswirtschaftlichen Aufgaben zu sichern. Diese neue Qualität der komplexen sozialistischen Rationalisierung von materiellen und Leitungsprozessen stellt neue Anforderungen an die Leitung.

Zur Lösung der Schwerpunktaufgaben des Planes Wissenschaft und Technik ging das Kombinat den bewährten Weg der Konzentration der Kräfte und Fonds. Eine wichtige Aufgabe bestand darin, die einheitliche Leitung zu gewährleisten und klar formulierte Zielstellungen und Aufgaben im Plan festzulegen. Die ständige Verkürzung der Vorbereitungs- und Überleitungszeiten erforderte eine neue Qualität des planmäßigen und rationellen Zusammenwirkens der Leitungsorgane.

Unter Einhaltung des Linie-Stab-Prinzips wurde das Auftragsleiterprinzip als eine Form der Prozeßleitung bei der Vorbereitung und Realisierung des komplexen Vorhabens der Rationalisierung der Ersatzteilwirtschaft angewendet.

Durch den Generaldirektor wurde ca. drei Jahre vor Realisierungsabschluß des Rationalisierungsvorhabens ein Sonderbeauftragter des Generaldirektors eingesetzt, der gleichzeitig mit der Bildung der Aufbauleitung und des künftigen Leitungskollektives des ZLE beauftragt wurde. Unter Beachtung der Zielstellung, eine völlig neue Organisation zur Lösung der Grundfragen der Ersatzteilwirtschaft durchzusetzen, mußte eine Neuformierung der Arbeitskollektive im kommerziellen Bereich als auch in den Lager- und Versandprozessen erfolgen.

Im Prozeß der Projektierung und in Vorbereitung der Inbetriebnahme des ZLE erfolgten umfangreiche Schulungen der Mitarbeiter. Diese Form der Qualifizierung reichte nicht aus, die Werktätigen zu befähigen, die künftigen Arbeitsaufgaben selbständig auszuführen. Die mit der Arbeitsinbetriebnahme des ZLE geschaffenen neuen Bedingungen des nunmehr konkret verlaufenden technologischen und organisatorischen Prozeßablaufes führten dazu, daß echte Bedingungen für die Erprobung der neuen Organisation für die zwischenzeitlich neu gebildeten Arbeitskollektive bestanden. In diesem Zeitraum wurde die Arbeitsplatzqualifizierung mit einer hohen Qualität und Effektivität durchgeführt. Gleichzeitig wurden durch die Werktätigen aufgrund ihrer bisherigen praktischen Erfahrungen Vorschläge und Hinweise zur Vervollkommnung der Leitungsorganisation gegeben und Verpflichtungen zur Leistungssteigerung übernommen.

Es hat sich die Erkenntnis herausgebildet, die politische Führung komplexer Prozesse des Planes Wissenschaft und Technik konsequent durchzusetzen und Leitungsmethoden zu entwickeln und anzuwenden, die die notwendige Qualität der Realisierung der festgelegten Ziele in allen Verantwortungsbereichen gewährleisten. In Ableitung der Erfahrungen bei der Vorbereitung und Einführung neuer Erzeugnisse im Kombinat hat sich als eine wirksame Methode die politische Einflußnahme auf die Sicherung der durchzuführenden Aufgaben erwiesen.

Welche Schlußfolgerungen für die Leitung von Neuerungsprozessen sind für die weitere Arbeit besonders wichtig?

— Für die komplexe Vorbereitung und Realisierung von komplexen Rationalisierungsvorhaben sind leistungsstarke Wirtschaftseinheiten im Kombinat erforderlich, die die wirtschaftliche Kraft besitzen, über die Konzentration der Kräfte und Fonds Teilprozesse des einheitlichen Reproduktionsprozesses im Kombinat mit hoher Effektivität zu realisieren.

Die Bildung des Spezialbetriebes im Kombinat – Ingenieurbetrieb für Rationalisierung und Projektierung Dresden – hat sich bewährt. Das Ziel besteht darin, diesen Spezialbetrieb als Generalauftragnehmer für eigene Investitionen des Kombinates weiterzuentwickeln.

— Das Leitungssystem des Kombinates gewährleistet eine effektive Vorbereitung und Durchführung von Neuerungsprozessen. Das im Kombinat angewendete Linie-Stab-Prinzip hat sich erneut als richtig bestätigt. Die Fachdirektoren in der Kombinatsleitung haben die Prozeßverantwortung in hoher Qualität durchzusetzen.

— Für Rationalisierungsvorhaben dieser Größenordnung, wie am Beispiel der Ersatzteilwirtschaft dargestellt, ist bereits zu einem früheren Zeitpunkt und in der Regel mit Beginn der Vorbereitungsphase das künftige Leitungskollektiv im Kern zu bestimmen. Diese Leiter sind in den Projektierungsprozeß einzubeziehen. In der Realisierungsphase bildet dieses Kollektiv die Aufbauleitung. Es ist anzustreben, daß die am Prozeß beteiligten verantwortlichen Leiter für wichtige Teilobjekte für den Zeitraum der Vorbereitung bis zur Realisierung des Vorhabens ihre Funktionen ausführen und kein Funktionswechsel zugelassen wird.

— Dokumentationen der technologischen und organisatorischen Projektierung, einschließlich der Datenverarbeitung, die im Prozeß der Vorbereitung und Realisierung für das Rationalisierungsvorhaben entstehen, sind wichtige Arbeitsinstrumente und umfassen Ausführungsvorschriften für die Realisierungsbetriebe einschließlich des Organisations- und Rechenzentrums. Diese Dokumentationen sind für die Nutzerbereiche im Sinne der praktischen Handhabung für die Durchführung der Arbeitsaufgaben ungeeignet. Alle für den Prozeßablauf notwendigen Vorschriften und Regelungen für die Arbeitskollektive der Nutzerbereiche sind in Ableitung der technologischen und organisatorischen Projekte in Form von Kombinatsinstruktionen, Arbeitsanweisungen, Arbeitsunterweisungen und Funktionsplänen verbindlich in Kraft zu setzen.

— Die Vorbereitung und Realisierung komplexer Rationalisierungsvorhaben erfordert, daß das Modell der Leitung ausgearbeitet und durchgesetzt wird. Der Inhalt und Umfang der Leitungs- und Prozeßorganisation sind zu bestimmen.

— Der kombinatseigene Außenhandelsbetrieb ist ein entscheidender Faktor bei der Lösung des Komplexes Ersatzteilwirtschaft.

— Die Organisierung eines auf lange Zeit orientierten Erfolges bedingt eindeutig die Konzentration aller Phasen des Reproduktionsprozesses auf das gesetzte Ziel.

Die in dieser Analyse dargelegten Erfahrungen und Probleme bei der Vorbereitung komplexer Vorhaben der sozialistischen Rationalisierung zeigen Wege der Vervollkommnung der Leitung von Neuerungsprozessen auf.

W. Opitz

Aktuelle Probleme der Arbeit im VEB Kombinat Haushaltgeräte

Auf der 11. Tagung des Zentralkomitees und der Beratung des Sekretariats des Zentralkomitees mit den 1. Sekretären der Kreisleitungen hat der Generalsekretär, Genosse Erich Honecker, die neuen Maßstäbe für die Arbeit der Partei bei der weiteren Verwirklichung der Beschlüsse des IX. und der Vorbereitung des X. Parteitages der SED umfassend dargelegt.

Der Erfahrungsaustausch in Gera sowie das Studium von Methoden und Formen der Parteiarbeit, der Leitung und Planung sowie der Führung des sozialistischen Wettbewerbes in beispielhaft arbeitenden Kombinaten hatten zum Anliegen, bewährte Erfahrungen in der Arbeit zu verallgemeinern und den Parteiorganisatoren und Generaldirektoren der Kombinate die steigenden Anforderungen an ihre persönliche Arbeit und an ihre Kollektive deutlich zu machen.

Ich kann heute hier darlegen, daß die Geraer Beratung des ZK der SED mit den Generaldirektoren und Parteiorganisatoren dazu beigetragen hat, vieles im Kombinat neu zu durchdenken und Positionen und Haltungen herauszubilden, die für die Lösung der vor uns stehenden Aufgaben notwendig sind.

Unsere erste und gegenwärtig wichtigste Aufgabe – so sehen wir es –, für deren Lösung wir das Engagement eines jeden Werktätigen im Kombinat und in unseren Zulieferbetrieben benötigen, ist die Sicherung der abgegebenen Verpflichtung, 1980 zwei Tagesproduktionen zusätzlich zur staatlichen Auflage im wesentlichen aus eingespartem Material zu realisieren.

Wir werden bis zum Tag der Befreiung eine Tagesleistung zusätzlich erreichen (das sind rund 9,6 Mio M Warenproduktion) und zum Jahresende 2 Tagesproduktionen über den Staatsplan abrechnen. Gegenwärtig führen wir den Kampf um die Untersetzung dieser Ziele nicht nur als Größenordnung der industriellen Warenproduktion, sondern in Form von mehr Erzeugnissen, die verteilbares Endprodukt darstellen, so z. B. 3000 Stück zusätzliche Kühlschränke, 5000 Stück Verdichter, 1200 Stück Speisetransportgefäße, 800 000 Stück Cr-Randschutzringe für Emaillegeschirr, 2000 Stück Wasserkessel, 3000 Stück Kasserollen, für 318 TM Bestecke und vieles andere.

Ein zweiter Schwerpunkt für uns ist die Sicherung und Überbietung der Aufgaben zur Überleitung und Produktion neu- und weiterentwickelter Erzeugnisse entsprechend dem Beschluß des Politbüros des ZK der SED vom 11. 3. 1980.

33 neu- und weiterentwickelte Erzeugnisse müssen wir 1980 in die Produktion überleiten und damit ein Produktionsvolumen von rund 165 Mio M erreichen. Dazu gehören ein neuer Waschvollautomat mit einer Schleuderdrehzahl von 800 min^{-1}, neue Geschirrsortimente aus Aluminium und Stahlblech emailliert, neue Gasherdvarianten, Elektro- und Kohlebeistellherde und weitere Erzeugnisse der 1000 kleinen Dinge.

Wesentlich höhere Anforderungen an meine persönliche Tätigkeit und die des gesamten Kollektivs bestehen in der Durchsetzung einer wesentlich zielstrebigeren langfristig-konzeptionellen Arbeit, insbesondere zur wissenschaftlich-technischen Entwicklung, zur Rationalisierungs- und Investitionstätigkeit im Kombinat. Für unsere Haupterzeugnisse und die bestimmenden Verfahrenstechniken und Technologien sind wir dabei, gemeinsam mit unseren Zulieferbetrieben sowie Hoch- und Fachschulen anspruchsvolle Programme zu erarbeiten, mit deren Realisierung wir überdurchschnittliche Zuwachsraten in der Warenproduktion, Arbeitsproduktivität und Effektivität sowie den wissenschaftlich-technischen Höchststand bei den Erzeugnissen und der Technologie sichern.

Die Notwendigkeit der noch stärkeren Orientierung auf die langfristig-konzeptionelle Arbeit ist deshalb von Bedeutung, weil das Gewicht heutiger Vorleistungen und heutiger Entscheidungen für ein langfristig stabiles Wirtschaftswachstum sich erhöht und auch der Umfang notwendiger Vorleistungen in der Forschung und Entwicklung, der Rationalisierung und Investitionstätigkeit zunimmt.

Notwendig ist die zielstrebige langfristige Arbeit besonders deshalb, weil die volkswirtschaftlichen Anforderungen im Zeitraum nach 1980 völlig neue Maßstäbe setzen. Im Zeitraum 1981–1985 sind vom Kombinat Haushaltgeräte Zuwachsraten in der industriellen Warenproduktion und Arbeitsproduktivität zu realisieren, die um 2 bis 3% jährlich höher liegen als in den Jahren 1976–1980. Bei versorgungspolitisch wichtigen Erzeugnispositionen, wie z. B. Waschmaschinen, Gasherde, Gasraumheizer, Elektroherde, Kühlschränke und Kühltruhen, müssen wir 1981–1985 dabei Steigerungen von 7 bis 12% erreichen.

Prämissen, die wir uns dabei für die weitere Entwicklung im Kombinat gesetzt haben sind u. a.

— jährlich mindestens 10% unserer Warenproduktion durch Neu- und Weiterentwicklungen umzuschlagen,

— jedes neu- und weiterentwickelte und gleichzeitig prüf- und klassifizierungspflichtige Erzeugnis muß den Maßstäben des Gütezeichens „Q“ entsprechen.

Mit der Lösung dieser Aufgabe werden wir sichern, daß mindestens zwei Drittel unserer prüf- und klassifizierungspflichtigen Warenproduktion 1985 das Gütezeichen „Q“ tragen.

— Mit jeder Neu- und Weiterentwicklung eines Erzeugnisses werden wir für die Herstellung geeignete neue hochproduktive Technologien und Verfahren realisieren. Die Entwicklung neuer Verfahren und der Bau von Rationalisierungsmitteln wird dabei grundsätzlich zu Lösungen führen, die den internationalen wissenschaftlich-technischen Höchststand mitbestimmen, um damit Erzeugnisse mit niedrigem Fertigungszeitaufwand, minimiertem Material- und Energieeinsatz fertigen zu können. Die Neuentwicklung von Verfahren und die Konstruktion und der Bau entsprechender Rationalisierungsmittel werden dabei mit dem Ziel eines multivalenten Einsatzes durchgeführt. Das gilt im Kombinat Haushaltgeräte insbesondere für Entwicklungen zur Anwendung der Fließdrücktechnologie, von Industrierobotern, Emailauftragsautomaten, Schleif- und Polierautomaten sowie Montageeinrichtungen. Das ist einerseits notwendig, um bei der Entwicklung und dem Bau von Sondermaschinen selbst Rationalisierungseffekte zu erzielen als auch eine große Anwendungsbreite neuer hochproduktiver Lösungen zu sichern.

Eine große Hilfe ist uns hierbei auch die von den Bezirks- und Kreisleitungen der SED geförderte Nutzung territorialer Rationalisierungseffekte, wie dies z. B. an der

Arbeit der Wissenschafts-Produktionsgemeinschaft Roboter der Bezirksleitung Karl-Marx-Stadt gezeigt werden kann. Generell ist die ständige Erhöhung der Leistungskraft des kombinatseigenen Rationalisierungsmittel- und Werkzeugbaues von enormer Bedeutung. Wir haben uns vorgenommen, die kombinatseigenen Rationalisierungsmittelbaukapazitäten bis 1985 zu verdoppeln.

Im Zusammenhang mit den genannten Größen zur Steigerung der Leistungen im Zeitraum 1981 bis 1985 ist es z. B. erforderlich, den Zeitaufwand für die Produktion von Eßbestecken aus Stahl mit einem Wertvolumen von 1000 Mark von 11,4 Stunden in diesem Jahr auf 8,1 Stunden 1985 zu reduzieren. Wir entwickeln und bauen dazu u. a. Schleif- und Polierautomaten im eigenen Rationalisierungsmittelbau, mit denen wir die Anzahl der notwendigen Bedienarbeitskräfte von z. Z. 4 pro Anlage auf 2 reduzieren und durch Senkung der Hilfszeiten von z. Z. 14 Sekunden zwischen jedem Arbeitstakt auf 3 Sekunden eine Leistungssteigerung von 20 bis 25% erreichen werden. Mit diesen Anlagen werden wir zum Zeitpunkt der Produktionswirksamkeit den internationalen wissenschaftlich-technischen Höchststand weiterhin mitbestimmen.

Die zweite Anlage dieser Art geht noch 1980 in Produktion. In diesem Zusammenhang unterstützen wir auch Betriebe der örtlich geleiteten Industrie mit unseren Rationalisierungsmittelbaukapazitäten, um z. B. für die Produktion von Schleif- und Polierhilfsmaterial solche Voraussetzungen zu schaffen, daß bei diesen Erzeugnissen – es handelt sich dabei um Sisalkordelbürsten zum Schleifen und Polieren von Besteckteilen – in Menge und vor allem Qualität ein solches Niveau erreicht wird, das zur Erhöhung der Standzeit und Reduzierung notwendiger Werkzeugwechsel beiträgt und damit leistungserhöhend wirkt. Gegenwärtig sind die Standzeiten unserer Schleif- und Polierhilfsmittel noch nicht ausreichend.

Auf dem Gebiet Bestecke ist die Substitution des aus Importen eingesetzten Chrom- bzw. Chromnickel-Stahls nach wie vor ein dringliches Problem. Der Einsatz von Porzellan, Holz und Plaste ist unter den Bedingungen der Massenfertigung nur begrenzt ein Weg, teilweise Nirostamaterial zu substituieren. Substitute aus einheimischen Rohstoffen zu finden, ist meines Erachtens eine interessante und volkswirtschaftlich wichtige Problemstellung für unsere angewandte Forschung.

Prinzipiell haben wir verstanden, daß das zukünftige Tempo des Wirtschaftswachstums vom Erfolg unserer Bemühungen im rationellen Material- und Energieeinsatz bestimmt wird, da sich die Effektivitätsbedingungen in den Bereichen der Produktion von Rohstoffen und primären Energieträgern tendenziell verschlechtern.

Wir haben die Aufgabe zu lösen, die Steigerung der industriellen Warenproduktion mit einem wesentlich geringeren Zuwachs an Energie, Material und Rohstoffen zu gewährleisten. Mehr als zwei Drittel des für den Produktionszuwachs erforderlichen Roh- und Werkstoffbedarfes sind im Kombinat durch materialökonomische Maßnahmen abzudecken, d. h. daß bis 1985 für mehrere 100 Mio Mark Leistungszuwachs durch Material- und Energieeinsparung erschlossen werden müssen. Das geschieht durch die umfassende Anwendung z. B. des bei uns entwickelten Kugelfließdrückverfahrens für die Herstellung rotationssymmetrischer Teile – Geschirrteile –, womit wir hohe Materialeinsparungen erreichen, oder durch den Einsatz der Dünnschichtemaillierung, die zur Senkung des Fritteeinsatzes führte und durch Reduzierung der Anzahl der notwendigen Einbrände erhebliche Energieeinsparungen mit sich bringt.

Besonders auf diesem Gebiet können wir noch Reserven erwirtschaften. Die gegenwärtig angewandte Emailtechnologie erfordert in den Betrieben die konventionelle

Grund-Deckemaillierung. Aus chemisch-physikalischen Gründen ist bei der Grundemaillierung ein optimierter Prozentanteil Haftoxyd im Emailschlicker erforderlich. Diese Haftstoffe sind Kobalt- bzw. Nickeloxyde. Der Anteil Kobaltoxyd kann nicht ausschließlich durch Nickeloxyd ersetzt werden, da damit die Haftfestigkeit als entscheidendes Qualitätsmerkmal der Emaillierung gefährdet wird. In mehreren F- und E-Themen wurden die Rezepturen hinsichtlich des Haftoxydgehaltes optimiert.

Eine wesentliche Reduzierung an Grundemail und damit an Kobaltoxydhaftstoffen, die aus dem NSW importiert werden müssen, ist durch Anwendung der Einschichtdirektweißemaillierung möglich. Die Anwendung dieses Verfahrens setzt jedoch die Bereitstellung kohlenstoffarmer Stahlbleche voraus, bei denen die Haftvermittlung ausschließlich mit Nickel in der Blechvorbehandlung erfolgt. Gleichzeitig wird erreicht, daß nur noch ein einmaliges Brennen der Emailblechteile bei Temperaturen um 800 °C notwendig ist.

Die seit Jahren geforderte Bereitstellung von entkohltem Feinblech wurde bisher von der Schwarzmetallurgie nicht realisiert. Es wäre sehr wertvoll, wenn die veränderten Bedingungen auch auf metallurgischem Gebiet in dieser Frage zu neuen Überlegungen führen.

Stark in Anspruch nehmen uns in der Leitungs- und Planungstätigkeit gegenwärtig – und das wird weiter an Umfang zunehmen – die Aufgaben, die sich aus der veränderten Situation der Energiedarbietung ergeben. Wir wissen, daß es zum Einsatz von Rohbraunkohle für Heizzwecke keine Alternative gibt; wir haben gegenwärtig in 9 Betrieben bzw. Werken Heizanlagen, die auf Basis Öl arbeiten und die wir auf Rohbraunkohle umstellen müssen. Täglich beschäftigen wir uns mit Fragen der Versorgung unserer Betriebe mit Diesel- und Vergaserkraftstoff zur Sicherung der Produktionsdurchführung, der materiell-technischen Versorgung der Produktion und der Aufrechterhaltung des Kundendienstes und der Ersatzteilversorgung.

Auch das zwingt – neben der Durchsetzung der strengsten Sparsamkeit –, ganze Prozesse neu zu durchdenken und nach Lösungen zu suchen, die den volkswirtschaftlichen Bedingungen gerecht werden. Forderungen verschiedener örtlicher Organe nach verstärkten Spät- und Wochenenddiensten für Dienstleistungen wirken gegen die Kraftstoffeinsparung und erzeugen Konfliktsituationen, denen wir begegnen müssen.

Eine besonders hohe Verantwortung zur volkswirtschaftlichen Einsparung von Energieträgern haben wir mit der Entwicklung und Produktion energieverbrauchender Erzeugnisse wie u. a. Normal- und Tiefkühlschränke, Waschmaschinen, Gas- und Elektroherde.

Bei Waschmaschinen z. B. geht es über die Anwendung mikroelektronischer Bauelemente und die Schaffung entsprechender Sensoren der Meßwerterfassung und Meßwertumwandlung um die optimale Waschprozeßgestaltung hinsichtlich Wasser-, Energie- und Waschmittelverbrauch und Waschergebnis. Die Einsparung auch nur weniger Wattstunden, Kubikzentimeter Wasser oder Gramm Waschmittel pro Waschvorgang durch optimale Gestaltung des Waschprozesses bringt volkswirtschaftlich erhebliche Effekte. Deutlich wird das, wenn man den jährlichen Verbrauch an Wasser, Elektroenergie und Waschmittel für das Waschen in den Haushalten unserer Republik betrachtet:

- bei Wasser rund 100 Millionen m^3 (15 × Talsperre Sosa; 1 1/2 × Talsperre Pöhl)
- bei Elektroenergie 2300 Gigawattstunden;
- bei Waschmittel 100 000 Tonnen.

Mit dem Einsatz mikroelektronischer Bauelemente und der entsprechenden peripheren

Technik schätzen wir ein, daß bei Waschvollautomaten der Energieverbrauch um 10 bis 15%, der Wasserverbrauch um 10%, der Waschmittelverbrauch um 15 bis 20% und der Materialeinsatz für Waschgeräte um rund 25% reduziert werden können. Zur Lösung dieses Komplexes sind viele Einzelaufgaben der Grundlagen- und angewandten Forschung und Entwicklung in Arbeit.

Im Zusammenhang mit den Anforderungen der Einführung neu- und weiterentwikkelter Erzeugnisse, der erforderlichen Kostensenkung und Arbeitsproduktivitätssteigerung legen wir für die Grundfondsökonomie auf einen längeren Zeitraum bezogen folgende ökonomische Normative als Bewertungsmaßstab an:

- für eine Mark Investitionen müssen wir mindestens 1,10 Mark Leistungszuwachs erreichen,
- die Arbeitsproduktivität muß schneller steigen als die Grundfondsausstattung pro Beschäftigter.

Erreichen müssen wir dieses Ziel durch den konzentrierten Einsatz der zur Verfügung stehenden Investitionsmittel. So ist vorgesehen, 60% der Investitionen für fünf Schwerpunktrationalisierungsvorhaben einzusetzen.

In der Investitionstätigkeit müssen wir dabei noch davon ausgehen, daß sich in den nächsten Jahren wachsende ökonomische Belastungen aus der Notwendigkeit heraus ergeben, die natürliche Umwelt des Menschen zu schützen, den Grad der Verunreinigung der Luft und Gewässer zu vermindern.

Der volkswirtschaftliche jährliche Zuwachs in der industriellen Warenproduktion und in der Arbeitsproduktivität muß zu 85 bis 90% durch Wissenschaft und Technik gesichert werden. Wir gehen dabei davon aus, daß die genannten Ziele für die Grundfondsökonomie erreicht und überboten werden, jeder Technologe in der Produktion jährlich mindestens 2500 Stunden Arbeitszeiteinsparung nachweist, jeder Beschäftigte im Sondermaschinenbau dazu beiträgt, jährlich mindestens 1000 Stunden Arbeitszeit einzusparen und etwa 30% des Leistungszuwachses durch die Arbeitsergebnisse der Konstrukteure gesichert werden.

Die Förderung der Neuerer- und Rationalisatorenbewegung, die verstärkte Durchsetzung der Prinzipien und Methoden der wissenschaftlichen Arbeitsorganisation spielen eine ebenso wichtige Rolle wie u. a. die modifizierte Übertragung der Erfahrungen des PCK Schwedt bei der Einsparung von Arbeitsplätzen und Arbeitskräften.

Um Voraussetzungen für die leitungsmäßige bessere Beherrschung zusammenhängender Fragen der Forschung und Entwicklung für Erzeugnisse und Verfahren, des Baues von Rationalisierungsmitteln, der Investitionstätigkeit, des Aufbaues zentraler Fertigungen und der Konzentration bestimmter Phasen des Reproduktionsprozesses zu schaffen, werden wir im Kombinat Haushaltgeräte noch 1980 solche wirtschaftsorganisatorischen Maßnahmen vorbereiten und durchführen, die Grundlage für die Beschleunigung des Leistungszuwachses sind. Gedacht ist dabei an die Zusammenführung von Betrieben des Kombinates sowohl unter dem Gesichtspunkt der Gleichheit und Ähnlichkeit der Erzeugnisse und der angewandten Technologien als auch unter territorialen Gesichtspunkten zu größeren leistungsfähigen Einheiten. Eine Prämisse für die vorbereitenden Arbeiten ist dabei neben den inhaltlichen differenzierten Zielstellungen, daß 5 bis 10% an Arbeitsplätzen in der Leitung und Verwaltung eingespart und damit die Bereiche Wissenschaft und Technik und andere Produktionshilfsabteilungen gestärkt werden.

Die grundsätzlichen Orientierungen des Genossen Dr. Günter Mittag auf dem Erfahrungsaustausch in Gera bestimmen gegenwärtig unser Handeln, da sie die Richtschnur sind für die Bewältigung der Anforderungen, die die 11. Tagung des Zentralkomitees an uns stellt.

Die Beratung in Gera hat gezeigt, welch neue ökonomische Qualität aus der Kraft der Kombinate erwächst. Es wurden Maßstäbe gesetzt, an denen wir uns orientieren, um mit einer klaren politischen Position das Niveau der fortgeschrittenen Kombinate zu erreichen. Der Erfahrungsaustausch hat dabei besonders deutlich gemacht, daß die Erreichung hochgesteckter Ziele das Engagement eines jeden erfordert und daß überall dort, wo die richtige Linie ausgearbeitet ist, der Erfolg vor allem von der Organisation und der Leitung abhängt.

C. Krömke

Die Bildung der Kombinate – organischer Bestandteil der Politik der Partei auf dem Wege der entwickelten sozialistischen Gesellschaft

Die Entwicklung der Kombinate ist Teil des Gesamtprozesses der Gestaltung der entwickelten sozialistischen Gesellschaft. Sie ist darauf gerichtet, daß durch die weitere Vervollkommnung der sozialistischen Produktionsverhältnisse der Prozeß der Entwicklung der Produktivkräfte im Interesse der Verwirklichung der Einheit von Wirtschafts- und Sozialpolitik in der Deutschen Demokratischen Republik weiter aktiv gefördert wird. Sie ist darüber hinaus Ausdruck der wissenschaftlichen Gestaltung gesellschaftlicher Prozesse. Sie wurde langfristig konzipiert, Erfahrungen wurden gesammelt, und die gesamte Strategie auf diesem Gebiet ist zur rechten Zeit wirksam gemacht worden. Das betrifft die Durchführung des Volkswirtschaftsplanes 1980, als des letzten Planjahres im Fünfjahrplanzeitraum 1976–1980, und die gleichzeitige Vorbereitung des Volkswirtschaftsplanes 1981 sowie des Fünfjahrplanes 1981–1985 auf der Grundlage der Kombinate.

Damit wird das verwirklicht, was vom Generalsekretär des ZK, Genossen Erich Honecker, als der Übergang zur Form der modernen Leitung der sozialistischen Industrie gekennzeichnet worden ist. „In den verschiedensten Bereichen des Lebens haben sich in unserem Lande moderne Formen der Leitung herausgebildet, die den Notwendigkeiten der entwickelten sozialistischen Gesellschaft mehr und mehr entsprechen. Ein anschauliches Beispiel dafür sind die Kombinate unserer volkseigenen Industrie. In ihnen realisieren wir die Vorzüge der vergesellschafteten sozialistischen Großproduktion besonders eindrucksvoll.“[1]

Diesem gesamten Prozeß ist eine langfristige, vorausschauende Analyse unserer Partei vorausgegangen. Die Herausbildung der Kombinate in der Industrie der DDR ist über mehr als ein Jahrzehnt erprobt worden. In dem Maße, wie die objektiven Erfordernisse der Entwicklung der Produktivkräfte und der weiteren Vervollkommnung unserer sozialistischen Produktionsverhältnisse auch die Vervollkommnung der Leitung erforderten, war die DDR demzufolge in der Lage, diesen objektiven Notwendigkeiten Rechnung zu tragen. Und in diesem Sinne ist der Prozeß der Bildung und der Entwicklung der Kombinate ein Ergebnis und Bestandteil der theoretischen Arbeit und des politischen Kampfes der SED, um in der DDR die allseitige Überlegenheit der sozialistischen Gesellschaftsordnung ständig auf höherem Niveau zu gewährleisten. Dahinter steht, und das kam auch auf dem Erfahrungsaustausch des ZK in Gera deutlich zum Ausdruck, eine große theoretische und politisch-organisatorische Leistung der SED in Auswertung der Erfahrungen der KPdSU und in konsequenter Anwendung

[1] E. Honecker, Die Aufgaben der Partei bei der weiteren Verwirklichung der Beschlüsse des IX. Parteitages der SED, Berlin 1978, S. 43.

der Lehren der Klassiker des Marxismus-Leninismus. Diese gesamte Arbeit ist ein Teil der Anstrengungen der Partei zur wissenschaftlichen Beherrschung der gesellschaftlichen Entwicklung, einer Aufgabe, die sich immer wieder erneut stellt – so, wie das Friedrich Engels in seinem Werk „Die Entwicklung des Sozialismus von der Utopie zur Wissenschaft" dargelegt hat. Es ist ein Teil des Nachweises der Überlegenheit der sozialistischen Planwirtschaft und ihrer praktischen Gestaltung.

Damit hat die SED auf die neuen Erfordernisse, die uns in Durchführung des Fünfjahrplanes 1976–1980 erwachsen sind und die sich künftig fortsetzen werden, mit der Gestaltung der modernen Leitung der sozialistischen Industrie reagiert. Auf diese Weise wurden wichtige Instrumente geschaffen, den Kampf um höhere Effektivität wesentlich wirksamer als bisher zu führen. „Die Kombinate, die jetzt entstehen, verkörpern die gewachsenen Maßstäbe für die Produktion und den Absatz der Erzeugnisse. Sie ermöglichen es, die sozialistische Wirtschaftstätigkeit dort umfassend zu organisieren, wo sich der Reproduktionsprozeß vollzieht. Hier wird der modernen Leitung Raum gegeben, das enge Zusammenwirken von Forschung und Entwicklung mit der Produktion zu gewährleisten, die wichtigsten Zulieferungen, die zielstrebige Rationalisierung und den gut organisierten Absatz der Erzeugnisse im In- und Ausland zu sichern. Vor allem erwarten wir von den Kombinaten ein höheres Tempo bei der Einführung neuer Technologien und neuer Produkte für die Bevölkerung, die eigene Volkswirtschaft und den Export. Hier handelt es sich um einen tiefgreifenden ökonomischen und politischen Prozeß und nicht etwa nur um organisatorische Veränderungen. Die Entwicklung der vorhandenen und die Bildung neuer Kombinate, die mit großer Eigenverantwortung in unserer Volkswirtschaft ausgestattet sind, ist gegenwärtig der wesentlichste Schritt zur Vervollkommnung der Leitung und Planung."[2]

Die Herausbildung der Kombinate zum jetzigen Zeitpunkt war nicht nur eine Frage von Erfordernissen, von Notwendigkeiten, sondern zugleich auch eine Frage der herangereiften Möglichkeiten.

Das betrifft insgesamt die gesammelten Erfahrungen bei der Vervollkommnung der Leitung und Planung und insbesondere auch der Organisation der Leitung selbst.

Hier handelt es sich um einen kontinuierlichen Prozeß und nicht um die schematische Gegenüberstellung einer Form der Leitung durch eine andere, sondern um verschiedene historisch bedingte Entwicklungsetappen, um das Neue, das im Schoß des Alten gereift ist. Das betrifft natürlich auch weitgehend den subjektiven Faktor. Daß die Kombinate gebildet und gleichzeitig mit einer hohen volkswirtschaftlichen Verantwortung ausgestattet werden konnten, hängt weitgehend damit zusammen, daß es der Arbeiterklasse gelungen ist, im Verlaufe der Entwicklung der Republik Kommunisten heranzubilden, die die erforderliche Reife und das notwendige Können besitzen, um solche großen Wirtschaftseinheiten erfolgreich zu leiten.

Die Kombinate sind heute Einheiten, die in ihrem Ausmaß, im Umfang ihrer Produktion und in ihrer ökonomischen Bedeutung mit großen, ja zum Teil mit den größten kapitalistischen Konzernen vergleichbar sind. Die Arbeiterklasse hat solche Kader hervorgebracht, die auf der Grundlage unserer marxistisch-leninistischen Weltanschauung in der Lage sind, die objektiv gegebene Überlegenheit des Sozialismus auch subjektiv im Handeln der Persönlichkeit zu verwirklichen. Das hat eine außerordentlich große Bedeutung für die Autorität und das Ansehen unserer Republik.

[2] Aus dem Bericht des Politbüros an die 8. Tagung des ZK der SED, Berichterstatter: Genosse Erich Honecker, Berlin 1978, S. 19.

Der Leiter in der sozialistischen Industrie ist vor neue Aufgaben gestellt. Er muß so denken, als sei er für die gesamte Volkswirtschaft verantwortlich.

Das ist nicht nur eine Forderung. Dazu werden durch die gesamte Politik der Partei und durch ihre Arbeitsweise die entscheidenden Voraussetzungen geschaffen. In den Beschlüssen der Parteitage, der Plenartagungen des Zentralkomitees, insbesondere in den grundlegenden Ausführungen seines Generalsekretärs, Genossen Erich Honecker, werden ständig umfassend die grundlegenden politischen und volkswirtschaftlichen Zusammenhänge, die für die Arbeit eines jeden Kommunisten und insbesondere jedes verantwortlichen Leiters maßgebend sind, analysiert und werden die grundlegenden Orientierungen gegeben. Somit besteht eine ständige, umfassende Information über alle maßgeblichen politischen und ökonomischen Zusammenhänge.

Daraus ergibt sich die Notwendigkeit, die Beschlüsse der Partei umfassend zu studieren, sich ihren Inhalt zu eigen zu machen und die erforderlichen Schlußfolgerungen für das Handeln zu ziehen. Diesem Ziel diente der Erfahrungsaustausch des ZK mit den Generaldirektoren und den Parteiorganisatoren des ZK der Kombinate. Er war voll darauf gerichtet, diese gesellschaftliche und politische Verantwortung der Leiter der Kombinate in Industrie und Bauwesen zu verdeutlichen. Das tiefere Eindringen in den Inhalt der Parteibeschlüsse und der Austausch der Erfahrungen sind die besten Wege, um eine höhere Qualität der Leitungstätigkeit zu erreichen.

Die eingegangenen hohen zusätzlichen Verpflichtungen sind Ausdruck dafür, in welchem Maße bereits die Orientierung der Partei verstanden worden ist, den Leistungsanstieg auf dem Wege der Erhöhung der Effektivität und Qualität der Arbeit zu erwirtschaften. In immer größerem Maße gehen die Generaldirektoren der Kombinate davon aus, daß ihnen die gesellschaftliche Verantwortung für große Kollektive von Werktätigen übertragen worden ist, in denen Zehntausende hochqualifizierter Menschen arbeiten. Dabei umfassen die Kombinate in der Regel Produktionskapazitäten zwischen zwei bis fünf Milliarden Mark und einige auch mehr. Das ist ein großes geistiges und materielles Potential, durch dessen qualifizierte Leitung neue Effektivitätsreserven erschlossen werden können, die unter früheren Umständen nicht für möglich gehalten wurden. Das Kombinat erweitert den Blick für die volkswirtschaftlichen Erfordernisse, aber auch für die volkswirtschaftlichen Möglichkeiten. Sie gilt es durch die politische Leitung ökonomischer Prozesse auf wissenschaftlicher Grundlage zu erschließen. Eine solche Verantwortung zu erkennen ist die wichtigste Voraussetzung dafür, um sie auch in der Tat wahrzunehmen.

Das Maß der gesellschaftlichen Verantwortung bei der Leitung solcher großen Wirtschaftseinheiten wird bestimmt durch die objektiven volkswirtschaftlichen Erfordernisse.

Diese gesellschaftliche Seite bei der Bildung der Kombinate ist der Ausgangspunkt, um auch bei der praktischen Organisation der Arbeit immer zu den richtigen Schlußfolgerungen zu kommen. Deshalb muß man auch davor warnen, die Frage der weiteren Entwicklung und der Festigung der Kombinate als eine rein organisatorische Angelegenheit zu betrachten. Die wissenschaftliche Organisation der Wirtschaftstätigkeit und der Produktion in den Kombinaten ist unabdingbar. Alle Fragen der weiteren Entwicklung der Kombinate, insbesondere auch die wissenschaftliche Organisation der Wirtschaftstätigkeit und der Produktion, werden um so besser gelöst, wenn das in Zusammenhang mit der gesamten politischen und ökonomischen Entwicklung der Kombinate und ihrer Betriebe geschieht.

Die Bildung der Kombinate zum jetzigen Zeitpunkt ist natürlich von mehrfacher

Bedeutung. Sie ermöglicht sowohl die Verwirklichung dessen, was auf dem IX. Parteitag beschlossen wurde, als auch den kontinuierlichen Übergang und die Vorbereitung der Periode 1981–1985, die mit den Beschlüssen des X. Parteitages eingeleitet werden wird. Wenn jetzt darangegangen wird, den Fünfjahrplan 1981–1985 vorzubereiten, dann ist es natürlich sehr vorteilhaft, daß diese stabile Leitungsstruktur in Form der Kombinate besteht.

Dabei werden die Kombinate ihrer volkswirtschaftlichen Verantwortung bei der Erarbeitung hoher Leistungsziele für den Volkswirtschaftsplan 1981 und darüber hinaus für den Fünfjahrplan gerecht werden.

Diese volkswirtschaftliche Verantwortung bei der Leitung der Kombinate hängt auch mit einer anderen Frage zusammen. Wenn wir die Entwicklung, die sich in den letzten Jahren vollzogen hat, analysieren, dann geht es nicht nur darum, daß kontinuierlich Wachstumsraten zu verzeichnen waren und sich das Nationaleinkommen Jahr für Jahr ebenso wie die industrielle Warenproduktion und andere wichtige ökonomische Leistungskennziffern vergrößert hat. Es geht auch darum, daß in dieser Zeit ein anwachsendes materielles und geistiges Potential geschaffen wurde. Das sind in den produktiven Bereichen nahezu 432,6 Mrd. Mark an Grundmitteln (1978), über 3 Mio Beschäftigte in der sozialistischen Industrie, eine hohe, ständig anwachsende Zahl von Hoch- und Fachschulkadern. In diesem materiellen und geistigen Potential liegt die Quelle für die wachsenden Reserven. Dabei bildet insbesondere das geistige Potential den entscheidenden mobilisierenden Faktor. Und gerade hier handelt es sich ja nicht nur um die Quantität, sondern um die Qualität. Es geht darum, durch die politische Leitung der ökonomischen Prozesse auf wissenschaftlicher Grundlage dieses gewachsene und ständig weiter anwachsende materielle und geistige Potential höchstmöglich zur Wirksamkeit zu bringen, und dafür ist gerade die Form des Kombinates eine der entscheidenden Voraussetzungen.[3]

Die Entwicklung der Kombinate zielt auf die Erhöhung der Effektivität. Das ist der Sinn jeder Form der Weiterentwicklung des gesellschaftlichen Charakters der Arbeit. Marx verbindet den Begriff der kombinierten, gesellschaftlichen Arbeit sowohl mit den Hauptfaktoren der Steigerung der Produktivkraft der gesellschaftlichen Arbeit wie denen der Erhöhung der Effektivität überhaupt, denn, wie er schrieb, „... entspringt die Oekonomie in den Produktionsbedingungen, welche die Produktion auf großer Stufenleiter charakterisiert, wesentlich daraus, daß diese Bedingungen als Bedingungen gesellschaftlicher, gesellschaftlich kombinierter Arbeit, also als gesellschaftliche Bedingungen der Arbeit fungieren".[4]

Die Bildung der Kombinate beruht auf dem objektiven Prozeß der Vergesellschaftung der Arbeit. Karl Marx hat den Charakter der gesellschaftlichen Arbeit, ihrer Rolle als Produktivkraft mit dem Begriff der kombinierten gesellschaftlichen Arbeit verbunden.

Auch Engels hat sich in einigen Zusammenhängen mit der Frage des Vergesellschaftungsprozesses befaßt. Er erwähnte mehrfach die Entwicklung zu den Trusts, „einer Vereinigung zum Zwecke der Regulierung der Produktion" – also desjenigen Prozesses, in

[3] Vgl. Aus der Eröffnungsansprache des Mitglieds des Politbüros und Sekretärs des ZK der SED, Genossen Günter Mittag, in: Mit der Kraft der Kombinate für weiteren hohen Leistungsanstieg, Berlin 1980, S. 14/15.

[4] K. Marx, Das Kapital, Dritter Band, in: K. Marx, F. Engels, Werke (im folgenden: MEW), Bd. 25, Berlin 1964, S. 89.

dem der objektive Charakter der Produktivkräfte nach seiner gesellschaftlichen Anerkennung drängt. „Es ist dieser Gegendruck der gewaltig anwachsenden Produktivkräfte gegen ihre Kapitaleigenschaft, dieser steigende Zwang zur Anerkennung ihrer gesellschaftlichen Natur, der die Kapitalistenklasse selbst nötigt, mehr und mehr, soweit dies innerhalb des Kapitalverhältnisses überhaupt möglich, sie als gesellschaftliche Produktivkräfte zu behandeln. Sowohl die industrielle Hochdruckperiode mit ihrer schrankenlosen Kreditaufblähung, wie der Krach selbst durch den Zusammenbruch großer kapitalistischer Etablissements, treiben zu derjenigen Form der Vergesellschaftung größrer Massen von Produktionsmitteln, die uns in den verschiednen Arten von Aktiengesellschaften gegenübertritt. Manche dieser Produktions- und Verkehrsmittel sind von vornherein so kolossal, daß sie, wie die Eisenbahnen, jede andere Form kapitalistischer Ausbeutung ausschließen. Auf einer gewissen Entwicklungstufe genügt auch diese Form nicht mehr; die inländischen Großproduzenten eines und desselben Industriezweigs vereinigen sich zu einem ‚Trust', einer Vereinigung zum Zweck der Regulierung der Produktion; sie bestimmen das zu produzierende Gesamtquantum, verteilen es unter sich und erzwingen so den im voraus festgesetzten Verkaufspreis."[5]

In der sozialistischen Gesellschaft muß das Kombinat als komplexer volkswirtschaftlicher Organismus in seiner gesamten Arbeit nach einheitlichen ökonomischen Kriterien beurteilt werden. Diese Kriterien sind mit der industriellen Warenproduktion, der Nettoproduktion und dem Materialverbrauch pro 100 Mark Warenproduktion sowie weiteren qualitativen Kennziffern klar definiert. Mit der Orientierung auf diese Kennziffern wird der volkswirtschaftliche Aspekt der Leistungsfähigkeit des Kombinates, seiner Entwicklung und der Beurteilung der Ergebnisse hervorgehoben. Der allgemeingültige Maßstab sind die Effektivität und das volkswirtschaftliche Endprodukt.

Mit der Kombinatsbildung sind die „Zweiggrenzen" überschritten worden. Im Kombinat selbst sind Prozesse volkswirtschaftlicher Natur vereinigt. Die Kombinate sind nicht mehr einfach Teile von Industriezweigen, sondern eindeutig als Bestandteile des volkswirtschaftlichen Reproduktionsprozesses zu definieren. Das hat zugleich auch Bedeutung für ihre ökonomische Beurteilung und für den volkswirtschaftlichen Vergleich.

Die gesellschaftliche Verantwortung wird zugleich auch exakt definiert durch den Beitrag, den z. B. ein Kombinat für das Endprodukt der Volkswirtschaft leistet. Nicht globale Summen der Produktion sind gefragt, sondern solche, die untersetzt sind mit Erzeugnissen, die einen hohen Devisenerlös im Export ermöglichen, die die Versorgung der Bevölkerung mit Konsumgütern verbessern, insbesondere in qualitativer Hinsicht, ob es sich nun um die sogenannten 1000 kleinen Dinge handelt oder um hochwertige Konsumgüter. Zugleich geht es um die Sicherstellung von Ausrüstungen für die eigene Volkswirtschaft.

Die volkswirtschaftliche Verantwortung und Stellung der Kombinate zwingt zu einem grundsätzlich neuen Herangehen an die Arbeit mit den Kombinaten. Das spiegelte sich bereits auf dem Erfahrungsaustausch des ZK mit den Generaldirektoren der Kombinate und den Parteiorganisatoren des ZK in Gera wider. Hier erfolgte die Diskussion in Arbeitsgruppen unabhängig von der Zugehörigkeit der Kombinate zu einzelnen Ministerien, also auf volkswirtschaftlicher Ebene. Dieser scheinbar methodische Aspekt hat prinzipielle Bedeutung. Es kristallisierte sich nur ein Maßstab heraus, und das

[5] F. Engels, Die Entwicklung des Sozialismus von der Utopie zur Wissenschaft, in: MEW, Bd. 19, Berlin 1962, S. 220.

war der nach dem volkswirtschaftlichen Ergebnis, nach der Effektivität. Zur Frage der Effektivität müssen sich alle bekennen, denn das Kombinat ist ja eine ökonomische und nicht in erster Linie eine technologische Einheit. Denn überall, wo Mittel verbraucht werden, wo Arbeitskraft eingesetzt wird, steht die Frage, was kommt aus dem Einsatz dieser Mittel heraus, und was wird durch diese Arbeitskraft an Neuwert geschaffen.

Die Leitungstätigkeit muß auf die Effektivität gerichtet sein. Es war von eindringlicher Überzeugungskraft, daß anhand der erfahrenen Kombinate studiert werden konnte, welche Möglichkeiten ein Kombinat besitzt, wenn es langjährig stabil geleitet wird und wenn wirklich die objektiven Vorzüge des Kombinates zur Wirkung gebracht werden. Das war für viele Genossen aus den unterschiedlichsten Bereichen eine sehr wichtige Erkenntnis. Verbunden mit einer kameradschaftlichen, kommunistischen Atmosphäre des gegenseitigen Vertrauens war vieles von dem, was gesagt wurde, auf fruchtbaren Boden gefallen, die zweigspezifischen Unterschiede wurden in den Hintergrund gedrängt. Viele haben ihre persönlichen Schlußfolgerungen gezogen. In diesem Sinne hatte der Erfahrungsaustausch in Gera eine große politische Breitenwirkung und hat viele Initiativen geweckt. Das hat natürlich auch für die ökonomische Wissenschaft Bedeutung. Es sind auch Überlegungen dahingehend angestellt worden, einen ständigen ökonomischen Leistungsvergleich über die Grenzen der Ministerien hinweg auf der Ebene der Kombinate durchzuführen, um zu sehen, wie sich ihre Entwicklung aus gesamtvolkswirtschaftlicher Sicht vollzieht.

Es hat sich generell die Schlußfolgerung herauskristallisiert, daß die Hauptursache für die noch vorhandene große Differenziertheit in der Entwicklung des Leistungszuwachses im Umfang der Erschließung der Effektivitätsreserven besteht. Diejenigen Kombinate haben ein hohes Wachstumstempo, die auch nachweislich ein hohes Niveau in der Erschließung der Effektivitätsreserven d. h. in der Qualität der Produktion, im Kostensatz, in der Senkung des Materialverbrauchs, in der Ausnutzung der Grundmittel, in der Steigerung der Arbeitsproduktivität und anderer wichtiger Kennziffern besitzen. Daraus ergibt sich auch die generelle Schlußfolgerung, daß die noch vorhandene Differenzierung durch systematische Erschließung aller Effektivitätsreserven zu überwinden ist. Der Schlüssel dazu liegt in der Qualifizierung der Leitungstätigkeit auf der Grundlage der neuen, im Kombinat gebotenen Möglichkeiten.

Das ist von größter Bedeutung für das weitere kontinuierliche Leistungswachstum. Eine große Rolle spielt das 1979 erreichte Leistungswachstum der Produktion im Verhältnis zum Wachstum des Materialfonds mit 1,3%. Das zeigt die großen Reserven und geht weit über das hinaus, was im Durchschnitt der Jahre im Fünfjahrplan konzipiert worden ist. Es gibt z. B. bei Leuna, bei Buna und bei anderen Kombinaten nachweisbare Überlegungen, mit weniger Energieeinsatz mehr zu produzieren.

In der DDR wurden z. B. auch im Dezember des Jahres 1979 und im Januar des Jahres 1980 in bestimmtem Umfang Leistungen an Elektroenergie eingespart, ohne daß dadurch Produktionsausfälle eingetreten sind. Im Gegenteil, die Kontinuität der Produktion konnte auf der Grundlage der konsequenten Beschlüsse zur Einhaltung der Disziplin auf dem Gebiet der Energieversorgung in einem wesentlich höheren Maße gesichert werden. Das zeigt also, welche Reserven die sozialistische Planwirtschaft besitzt, um diesen neuen, hohen und durchaus nicht unkomplizierten Anforderungen auf dem Gebiet der Energie- und Rohstoffversorgung gerecht zu werden und auch in Zukunft ein hohes Leistungswachstum zu gewährleisten. Das ist eine Frage, die auf der Grundlage der Beschlüsse des 11. Plenums ebenfalls in Gera ganz eindeutig beantwortet worden ist. Das kontinuierliche Leistungswachstum setzt sich 1980 und auch in Zukunft weiter fort. Das ist eine klare Position.

Die volkswirtschaftliche Verantwortung wahrzunehmen erfordert also ein tiefes Eindringen in ökonomische Zusammenhänge. Damit steht auch die Frage der theoretischen Durchdringung der Leitungstätigkeit in neuer Weise. Die Aufgaben müssen aus den grundsätzlichen volkswirtschaftlichen Erfordernissen abgeleitet werden und, davon ausgehend, sind die konkreten Maßnahmen innerhalb des Kombinates und seiner Betriebe zu bestimmen.

Es gilt, den vollen Reichtum der marxistisch-leninistischen politischen Ökonomie auszuschöpfen, insbesondere die Erkenntnisse von Marx, Engels und Lenin zur Steigerung der Arbeitsproduktivität, zur Ökonomisierung der gesellschaftlichen Produktion und über den Wertbildungsprozeß in der Gesamtheit der auf ihn einwirkenden Faktoren. Das schließt auch ein, die Frage von einfacher und komplizierter Arbeit vom Standpunkt des Wertbildungsprozesses immer wieder genau zu durchdenken und zu erforschen, damit über Produkte mit höherer Qualität, durch eine höhere Veredlung des Materials aus der gleichen Mengeneinheit des Rohstoffs ein größerer Neuwert geschaffen wird. Diese Fragen müssen in ihrem Wesen erkannt und dürfen nicht nur unter dem Gesichtspunkt einzelner Erscheinungsformen betrachtet werden. All das stellt an das volkswirtschaftliche Denken, an die Fähigkeit zur volkswirtschaftlichen Analyse und an die langfristig vorausschauende Arbeit der Leiter neue und höhere Anforderungen.

Auf dem Erfahrungsaustausch des ZK in Gera wurde festgestellt, „... daß sich die Kombinate als Form moderner Leitung der sozialistischen Industrie bewähren, weil hier um die Effektivität auf neuer Grundlage und mit höheren Ergebnissen gekämpft wird“[6]. Im Kombinat sind die Voraussetzungen dafür gegeben, diese höhere Verantwortung der Leiter wahrzunehmen und die Leitungstätigkeit auf eine neue Grundlage zu stellen.

Die Hauptreserven der Steigerung der Effektivität im Kombinat werden in dem Maße wirksam, wie es durch qualifizierte Leitungstätigkeit gelingt, den Kreislauf insgesamt und an jeder Nahtstelle vollständig zu schließen. Der Kernpunkt des Kreislaufs im Kombinat ist die Verbindung von Wissenschaft und Technik mit der Produktion, wie Marx sagt, der geistigen Produktion mit der materiellen Produktion. Hierin liegt die Hauptquelle der Erhöhung der Effektivität und der ökonomischen Verwertung ihrer Ergebnisse. Dieser Kreislauf muß organisiert werden, und dafür ist das Kombinat das entscheidende Kettenglied.

Marx verbindet die kooperative Form des Arbeitsprozesses von vornherein mit der bewußten technischen Anwendung der Wissenschaft, der planmäßigen Ausbeutung der Erde, der Verwandlung der Arbeitsmittel in nur gemeinsam verwendbare Arbeitsmittel, der Ökonomisierung aller Produktionsmittel durch ihren Gebrauch als Produktionsmittel *kombinierter* gesellschaftlicher Arbeit.[7]

Lenin führt diese Gedanken weiter und verbindet sie mit der neuen Stufe der Vergesellschaftung der Produktion durch das Monopol. „Die Konkurrenz wandelt sich zum

[6] Aus dem Schlußwort des Genossen Günter Mittag, in: Mit der Kraft der Kombinate für einen weiteren hohen Leistungsanstieg, a. a. O., S. 28.

[7] Vgl. K. Marx, Das Kapital, Erster Band, in: MEW, Bd. 23, Berlin 1962, S. 790.

Monopol. Die Folge ist ein gigantischer Fortschritt in der Vergesellschaftung der Produktion. Im besonderen wird auch der Prozeß der technischen Erfindungen und Vervollkommnungen vergesellschaftet."[8]

Dieser Prozeß, im Schoße der alten kapitalistischen Gesellschaft geboren, der Profitmaximierung dienend, kann im Sozialismus planmäßig in den Dienst des Wohles des Volkes gestellt werden.

Dazu bietet das Kombinat völlig neue Möglichkeiten, sowohl durch das wissenschaftlich-technische Potential als auch durch die zu ihm gehörenden Betriebe mit ihren Produktionskapazitäten.

Jedes Kombinat besitzt die Verantwortung für die Vergrößerung des Endproduktes. In diesem Zusammenhang spielt die Veredelung der Rohstoffe eine besonders große Rolle. Wenn nicht mehr Rohstoffonds zur Verfügung stehen, gibt es nur eine Möglichkeit des weiteren Wachstums, durch qualifizierte Arbeit diesem Rohstoffonds einen höchstmöglichen Wertzuwachs hinzuzufügen. Auf diesem Gebiet bestehen in allen Industriezweigen unsere größten Reserven. Das fängt bei der Kohle an, das betrifft die Metallurgie, die nicht stehenbleiben darf bei der ersten und der zweiten Verarbeitungsstufe, die chemische Industrie genauso wie den Maschinenbau, wo die Frage des Einsatzes der Mikroelektronik eine ganz entscheidende Rolle spielt, und es betrifft schließlich auch die Leichtindustrie, wo die Frage der höheren Qualität entscheidend sein wird, um den Zuwachs an den notwendigen Produkten zu erbringen.

Auf diesem Gebiet gehen die Kombinate mit einer ganz anderen Konsequenz als bisher vor. Diese Konsequenz besteht auch darin, daß jedes Kombinat seine Verantwortung für das Endprodukt und auch für das veredelte Produkt trägt. Es geht darum, den Produktionsprozeß bis zu Ende zu führen.

Ein Kombinat ist nicht etwa mit einem großen Betrieb gleichzusetzen. Der Umfang und die Zusammensetzung der in ihm wirkenden ökonomischen Kräfte und Fonds gestatten es, daß es weitgehend selbst die Grundlagen seiner erweiterten Reproduktion erwirtschaftet und dafür auch bestimmende materielle Voraussetzungen schafft. Das betrifft sowohl die Verantwortung für die Entwicklung des geistigen Potentials in Zusammenarbeit mit den Hochschulen und Akademien als auch die Schaffung der erforderlichen Voraussetzungen für die Rationalisierung durch die Entwicklung neuer Technologien und den Bau der dafür erforderlichen Rationalisierungsmittel, um nur einige Aspekte zu nennen.

Das Kombinat besteht aus Betrieben, die juristisch und ökonomisch verantwortlich sind und staatliche Planaufgaben erhalten, es ist keineswegs die Aufhebung des Betriebes. Das hat eine große Bedeutung für die Identifikation der Menschen mit ihrem Betrieb und seinen Leistungen und darüber hinaus mit dem Kombinat als Ganzes. Das bedeutet, daß die Leistungen des Kombinats über die Leistungen der Betriebe gestärkt werden und daß das Kombinat sich auf der Grundlage der bestehenden Betriebe zu einem wirklichen sozialökonomischen Organismus ausbildet.

Wir haben es also hier mit einem komplexen Prozeß zu tun, der mit dem gesamten Reifegrad unserer sozialistischen Gesellschaft zusammenhängt, mit den Fragen der weiteren Entwicklung unserer Produktionsverhältnisse als auch mit solchen Fragen wie denen der Vertiefung des Bündnisses zwischen der Arbeiterklasse und der sozialisti-

[8] W. I. Lenin, Der Imperialismus als höchstes Stadium des Kapitalismus, in: Werke, Bd. 22, Berlin 1960, S. 209.

schen Intelligenz, aber auch mit der Weiterentwicklung des Niveaus der zentralen staatlichen Leitung und Planung insgesamt und mit dem Niveau der Kader und ihrer weiteren Qualifikation.

Auf der Ebene des Kombinates findet bereits eine weitgehende Verflechtung betrieblicher und volkswirtschaftlicher Prozesse statt.

Im Kombinat vollzieht sich bereits eine volkswirtschaftliche Verflechtung zwischen Zulieferbetrieben und den Betrieben, die das Endprodukt des Kombinates herstellen. Das betrifft auch die Verflechtung zwischen den Betrieben des Rationalisierungsmittelbaus und den anderen Betrieben des Kombinates, zwischen der Produktion und dem Handel, zwischen Wissenschaft, Technik und Produktion.

Zugleich machen die Dimensionen des Kombinates es selbst zu einem bestimmenden Bestandteil des gesamten volkswirtschaftlichen Organismus. Sowohl der Umfang der Produktion des Kombinates als auch die Tatsache, daß viele Kombinate auf ihrem Gebiet die entscheidenden – in manchen Fällen auch ausschließlichen – Hersteller der entsprechenden volkswirtschaftlichen Produkte sind, verflechten die Kombinate unmittelbar mit dem volkswirtschaftlichen Reproduktionsprozeß als Ganzem. Das Kombinat ist also in weitaus stärkerem Maße – sowohl was die Quantität als auch die Qualität anbelangt – mit volkswirtschaftlichen Zusammenhängen konfrontiert als der Betrieb. Daraus ergibt sich eine neue, objektive ökonomische Qualität des Kombinates. Sie ist u. a. begründet in dem hohen Grad der Verflechtung mit der Volkswirtschaft insgesamt, in dem sich entwickelnden Prozeß volkswirtschaftlicher Verflechtungen innerhalb des Kombinates und in der Tatsache, daß sich im Kombinat ein vollständiger volkswirtschaftlicher Kreislauf vollzieht.

Die nunmehr bestehenden großen Wirtschaftseinheiten mit ihrer hohen volkswirtschaftlichen Verantwortung, die geschaffene stabile Leitungsstruktur sind wesentliche Voraussetzung, um den Kampf um höhere Effektivität entsprechend den herangereiften Notwendigkeiten und Möglichkeiten in Gegenwart und Zukunft noch wirksamer als bisher zu führen. Heute verfügt die Industrie und überhaupt die Volkswirtschaft der DDR über eine große Zahl in der Arbeiterklasse verwurzelter, hochbefähigter Leiter, die als Kommunisten für die Stärkung ihres sozialistischen Vaterlandes, der DDR, wirken.

Jeder verantwortliche Leiter wird von vornherein dazu erzogen und befähigt, von den gesamtgesellschaftlichen Interessen auszugehen. Dieser durch die Arbeit der Partei und ihrer Organe ständig sich vollziehende Prozeß trägt maßgeblich dazu bei, solche Persönlichkeiten zu formen, die in der Lage sind, die Gesamtpolitik auf ihrem konkreten Arbeitsgebiet zu verwirklichen und einen aktiven Beitrag zu leisten. Das verbindet sich mit dem persönlichen Engagement, mit der Leidenschaft und der Sachkenntnis, mit der Fähigkeit, Aufgaben klar zu formulieren und die Initiative der Menschen zu wecken.

P. Liehmann

Einige Fragen der Entwicklung der Kombinate in der Leichtindustrie der DDR

Wie in allen Industriezweigen unserer Volkswirtschaft ist die Leitungstätigkeit des Ministeriums für Leichtindustrie darauf gerichtet, daß entsprechend den Beschlüssen des IX. Parteitages der SED und in Vorbereitung des X. Parteitages eine stabile Leistungsentwicklung gesichert wird.

Im Kampf um Effektivität und Qualität gilt es jetzt auch in der Leichtindustrie solche Ergebnisse zu erzielen, die um ein Vielfaches mehr für das ökonomische Leistungswachstum ins Gewicht fallen, als das bisher bereits der Fall war. Ich stimme Prof. Dr. Krömke zu, daß Leistungsunterschiede vor allem im Maß der Erschließung der inneren Reserven begründet sind. Im Zentrum steht dabei – wie beim Geraer Seminar begründet – die Beschleunigung der Leistungsentwicklung der mit hoher Verantwortung wirtschaftenden Kombinate. Das erfordert die Überwindung der Differenziertheit in den Leistungen der Kombinate, die volle Ausnutzung des bedeutenden volkswirtschaftlichen Potentials an Konsumgüterproduktion, die Erzielung höherer Resultate bei sinkenden Aufwendungen. Wenn wir über die Ansprüche an die Kombinate der Leichtindustrie sprechen, dann gilt zweierlei: Erstens gibt es für sie kein anderes Maß als das der besten Kombinate in der Volkswirtschaft, und zweitens sind sie – und dies ist stets wichtiger als alle Besonderheiten – Konsequenz und Erfordernis allgemeingültiger wirtschaftspolitischer Ansprüche, objektiver gesellschaftlicher und ökonomischer Gesetzmäßigkeiten.

Unser Land verfügt über ein beträchtliches Potential an Konsumgüterproduktion. Allein der Anteil der Leistungen der Kombinate des Ministeriums für Leichtindustrie an der Gesamtproduktion der Industrie beträgt mit mehr als 36 Mrd. Mark Warenproduktion etwas mehr als 10%. Diese Wirtschaftsgröße ist in 14 Kombinaten organisiert und durch vier zentrale Forschungs- und Entwicklungseinrichtungen, zwei staatliche Kontore und vier Fachschulen unterstützt.

Hinsichtlich ihrer Größe reicht die Streubreite vom Kombinat Solidor mit 5600 Beschäftigten und 380 Mio Mark Warenproduktion bis zum Kombinat Baumwolle mit 65 000 Beschäftigten und 6,7 Mrd. Mark Warenproduktion. Ebenso differenziert ist die Zahl der in den Kombinaten organisierten Betriebe, die von 7 Betrieben im Kombinat Solidor über 28 Betriebe im Oberbekleidungskombinat Berlin bis zu 158 Betrieben im Kombinat Trikotagen reicht. Vermerken muß man auch, daß sich hinter diesen Zahlen ca. 5000 Werkteile und Produktionsstätten verbergen; der Konzentrationsgrad der Organisation ist also nicht identisch mit dem Grad der Produktionskonzentration. Hinzufügen muß man auch, daß unsere Kombinate horizontal über eine Prozeßstufe oder ver-

[1] Aus dem Bericht des Politbüros an die 11. Tagung des ZK der SED, Berichterstatter: Genosse Erich Honecker, Berlin 1979, S. 45.

tikal über mehrere Stufen, vorrangig Vorstufe oder Finalstufe sowie kombiniert, territorial relativ geschlossen oder über die ganze Republik organisiert sind.

Eine Besonderheit besteht auch darin, daß wir mit vier Oberbekleidungskombinaten nach dem Territorialprinzip den Nachweis eines positiven Wettbewerbes gleichartiger großer Wirtschaftseinheiten zur besten Bedarfsdeckung erbringen müssen. Dies ist ein Gesichtspunkt, den wir bei der Formulierung unserer Entwicklungsziele beachten müssen.

Ein weiterer Gesichtspunkt ergibt sich aus der allgemeingültigen Forderung, daß ein Kombinat reproduktionsstark und reproduktionsfähig sein muß, was die Schaffung aller dazu erforderlichen inneren Bedingungen verlangt. Leistungskraft kann quantifiziert werden. Die hohen Zuwachsraten der Leichtindustrie, die seit Jahren schnellere Steigerung der Arbeitsproduktivität als die der Warenproduktion, der höhere Zuwachs an Erzeugnissen mit dem Gütezeichen „Q" gegenüber den Zuwachsraten der Warenproduktion – dies alles zeigt die gewachsene Leistungskraft. Aber Tatsache ist auch, daß die Reproduktionskraft unserer Kombinate sehr unterschiedlich ausgeprägt ist, einige Kombinate sehr niedrige Wachstumsraten ausweisen und entschiedene Anstrengungen notwendig sind, um den erforderlichen Leistungsanstieg der 80er Jahre zu sichern.

Ich möchte aus diesen Überlegungen heraus einige ausgewählte Entwicklungsprobleme der Kombinate der Leichtindustrie behandeln.

Erstens: Prinzipieller Ausgangspunkt für die Beantwortung der Frage nach der Perspektive der Leichtindustrie und ihrer Kombinate ist ihre Funktion und ihr Stellenwert im gesamtgesellschaftlichen Entwicklungsprozeß – so formuliert in den Parteibeschlüssen. Dazu hat Genosse Erich Honecker auf der 11. Tagung des Zentralkomitees als eine der wichtigsten Aufgaben charakterisiert, „... ein stabiles Angebot bei den Waren des Grundbedarfs zu gewährleisten und gleichzeitig in weitaus größerer Zahl hochwertige Konsumgüter in ausgezeichneter Qualität, mit guter Formgestaltung zu erzeugen". Es geht demnach um Kombinate in der Leichtindustrie, die in Menge, Wert und Qualität, zeitgerecht und in allen Preislagen den inneren Markt versorgen, effektiver exportieren und insgesamt ökonomischer wirtschaften.

Da Perspektive immer auch mit „Grenzbedingungen" zu tun hat, müssen wir bei der Festlegung der Leistungsziele und Produktionsstrukturen unserer Kombinate beachten: Bei konsequenter Fortsetzung unserer Wirtschafts- und Sozialpolitik wird auch im nächsten Zeitraum die Versorgung der Bevölkerung bei Produkten unserer Industriezweige zu weit über 90% aus Eigenproduktion erfolgen. Dies stellt höchste Ansprüche an die Leistung und an den Erneuerungsprozeß unserer Erzeugnisse, weil die durch Sortimentsaustausch auf kapitalistischen Märkten erzielte „Angebotsoptik" sich optimal im Produktionsprogramm unserer nationalen Produktion wiederfinden muß. Aus dem Gesetz vom Lebensalter der Produkte und Technologie folgt, daß überalterte und unrentable Produktionen aufgegeben werden müssen. Dieser Zwang läßt für kein Kombinat eine andere Wahl zu, sowohl aus Gründen des inneren Marktes als auch der Situation auf den Weltmärkten. Es wird nicht zu einer quantitativen Ausweitung des in der Leichtindustrie eingesetzten gesellschaftlichen Arbeitsvermögens kommen. Da bei stabilen und hohen Wachstumsraten weder Mengen- noch Qualitätsverluste denkbar sind, ist nur eine Linie höherer Arbeitsproduktivität, hoher Bildung und konsequenter Umverteilung der Kräfte auf leistungsbestimmende Bereiche gangbar.

Auch in den 80er Jahren wird die Leichtindustrie durch wachsende Exportleistungen zu einer ausgeglichenen Zahlungsbilanz unserer Republik beitragen müssen. Es sind harte ökonomische Fakten, die diesen Export begründen.

Schließlich wird die nächste Periode von einer wachsenden Verknappung der Rohstoffonds gekennzeichnet sein, die nur durch drastische Absenkung des Produktionsverbrauchs, hohe Veredlung der Erzeugnisse und eine bessere Struktur der Materialimporte bewältigt werden kann.

Ausgehend von solchen, sehr langfristig wirkenden Faktoren wird jetzt an den Entwicklungskonzeptionen unserer Kombinate gearbeitet. Das Industrieministerium muß darauf Einfluß nehmen, damit es zu einer Entwicklung in den materiellen Strukturen der Produktion kommt, die den Effekt der Kombinatsbildung voll zur Wirkung bringt. Deshalb entstehen gegenwärtig auch die Entwicklungsprogramme für grundlegende Querschnittsprozesse der Leichtindustrie und entscheidende Produktgruppen.

Zweitens: Wir richten jetzt alle Anstrengungen auf die Entwicklung der 14 Kombinate der Leichtindustrie, auf die Sicherung aller Bedingungen einer hohen Reproduktionskraft und die volle Wahrnahme ihrer Verantwortung im Rahmen des volkswirtschaftlichen Ganzen.

Es geht um hohe Wachstumsraten der Warenproduktion, um noch höhere in der Arbeitsproduktivität und Nettoproduktion sowie um voll abgesetzte Warenproduktion. Es ist kein Zufall, daß in diesem Zusammenhang die Diskussion um die Leistungsbewertung sich wieder außerordentlich belebt hat. Ich halte es von grundlegender Bedeutung, daß Genosse Günter Mittag in Gera dazu die Position eindeutig bestimmt hat: Vor der Leistungsbewertung steht die Leistung. Das ist auch für uns der Ausgangspunkt. Gerade in der Konsumgüterproduktion sind die Versuche einer richtigen Leistungsbewertung seit Jahren vielfältigster Art. Ich nenne hier nur solche Fragen wie die richtige Wahl des Betriebspreistyps. Orientieren wir den Betriebspreis mehr am Gebrauchswert – der wesentlich den EVP begründet –, dann steigt die Gewinnmasse, der Druck auf sinkende Kosten ist jedoch geringer als bei einem tendenziellen Rückgang der Betriebspreise als Resultat besserer Ökonomie. Es wirkt bei uns auch, daß die Gewinne der Leichtindustrie geteilt sind in den Teil, der im Betriebspreis gebildet wird – also auch in der Nettoproduktion berechnet ist – und einem Teil, der als Produktionsabgabe nur in der Differenz BP zu IAP erscheint. Wie wir es auch sehen, entscheidend ist ein härterer Druck auf die Ökonomie.

Leistungszuwachs verlangt, die große Differenziertheit in der materiell-technischen Basis der Kombinate schrittweise zu überwinden. Deshalb übertragen wir die Erfahrungen des Kombinates Baumwolle bei der Schaffung starker Rationalisierungsmittel- und Baukapazitäten und des Kombinates Trikotagen bei der Bildung eines zentralisierten Wissenschafts- und Rationalisierungsbetriebes.

Ausgeweitet und entschieden erhöht werden die Kapazitäten und Leistungen für Forschung, Arbeitsorganisation, Technologie und Erzeugnisentwicklung. Nach dem Beispiel des VEB Schuhfabrik „Paul Schäfer" Erfurt und der Schwedter Initiative im VEB Lautex sind durch Rationalisierung qualifizierte Kräfte freizusetzen und in solche Bereiche umzusetzen. Die Leistungsfähigkeit in Kombinaten vorhandener zentraler Forschungs- und Entwicklungskapazitäten muß weiter erhöht werden. Wir stellen uns das Ziel, im Fünfjahrplanzeitraum 1981–1985 in den Kombinaten Lederwaren Schwerin, Oberbekleidung Erfurt, Oberbekleidung Lößnitz, Schuhe Weißenfels zentralisierte Forschungs-, Entwicklungs- und Rationalisierungsbetriebe zu schaffen. Große Reserven können durch innere wirtschaftsorganisatorische Maßnahmen erschlossen werden. Die Leitbereiche in den Kombinaten entwickeln sich immer stärker im Sinne von „Produktgruppen", d. h., in Wahrnehmung einer Kombinatsfunktion widmen sie sich der vom Bedarf ausgehenden Entwicklung der Produktionskapazitäten, einheitlicher Erzeugniskollektionen, der Überwindung von Leistungsunterschieden zwischen Betrieben vergleichbarer Technologien und Produktionen. Es wird deutlich, daß die Verstärkung des ökonomischen Einflusses auf die Prozesse, die Weiterentwicklung der sozialistischen Betriebswirtschaft in den Kombinaten zwingend auf der Tagesordnung stehen. Die weitere Erhöhung des Niveaus der sozialistischen Betriebswirtschaft ist sowohl vom Standpunkt unserer Betriebe als auch der Kombinate zu gestalten; zum einen muß man davon ausgehen, daß die Kombinate große Wirtschaftseinheiten sind, die einen einheitlichen Reproduktionsprozeß verantworten. Die höhere ökonomische Verantwortung, die Sicherung einer produktionsnahen Leitung, die Herausbildung der Kombinatswirtschaft verlangen zum anderen auch die Verstärkung der wirtschaftlichen Rechnungsführung. Gleichzeitig hängen der stabile Leistungszuwachs und die Reproduktionskraft des Kombinates von der Stabilität seiner Betriebe ab, d. h. vom Niveau der sozialistischen Betriebswirtschaft in jedem VEB.

Natürlich ist das eine Aufgabe sehr komplexer Natur, so daß ich nur einige Probleme besonders hervorheben kann. Offensichtlich ist es notwendig, den Einfluß der Ökonomie auf die verschiedenen Prozesse wesentlich zu verstärken, und dies so rechtzeitig, daß wir nicht erst nachträglich von den positiven oder negativen ökonomischen Resultaten überrascht werden. Dazu ist

– rechtzeitig und ständig die Ökonomie aller Forschungs-, Entwicklungs-, Investitions- und Rationalisierungsvorhaben zu bestimmen. Meines Erachtens nehmen derzeit die ökonomischen Bereiche bzw. Hauptbuchhalterbereiche darauf insgesamt noch zu wenig Einfluß;

– viel früher als bisher auf die Ökonomie künftiger Erzeugniskollektionen Einfluß zu nehmen. Das betrifft auch den anzustrebenden Preis. Wie alle Erfahrungen bestätigen, kann bei Vorliegen des Erzeugnisses nur in sehr beschränkendem Maße noch etwas korrigiert werden. Liegen der Erzeugnisentwicklung die ökonomischen Kriterien nicht rechtzeitig zugrunde, dann besteht die Gefahr, daß die erforderliche Qualität nicht erreicht wird;

– stärker die Einheit von materiellen und ökonomischen Prozessen in der Plandurchführung pro Dekade herzustellen. Wir verallgemeinern deshalb die Beispiele solcher Betriebe, die die Produktionsplanung nach Menge, Qualität und Ökonomie bis in die kleinsten produzierenden Einheiten durchgesetzt haben;

– die Arbeit mit Kostenarten, Kostenträgern und Kostenstellen weiter zu präzisieren, damit wir von der Methode, alles nur „saldiert“ zu rechnen, abkommen, bei der das Verursacherprinzip nicht durchgesetzt wird. Natürlich gilt dies für die innere Betriebswirtschaft, denn die Leistungsbewertung des Betriebes oder Kombinates als Ganzes muß vom positiven Saldo aller Aufwendungen und Ergebnisse bestimmt sein.

Während der Aussprachen nach dem 11. ZK-Plenum äußerten sich eine Reihe von Genossen zu Fragen, die die innere Struktur der Kombinate und ihre Perspektiven betreffen. Diese Fragen gewinnen an Bedeutung, gerade wenn man an die Übernahme hunderter bisher bezirksgeleiteter Betriebe denkt oder an Überlegungen zum weiteren Konzentrationsprozeß unter Gesichtspunkten der Spezialisierung oder der territorialen Vorteile. Unser gemeinsamer Standpunkt war: Wenn man über Konzentration, Zentralisierung usw. spricht, muß es immer ökonomische Gründe geben, die entscheidend sind, d. h., es geht nicht um formale Strukturbilder, sondern um eine Leichtindustrie, die stabil und effektiv die Märkte versorgt.

Dabei sind die differenzierten Bedingungen des Produktions- und Reproduktionsprozesses zu beachten. Ausgangspunkt ist die Strategie der Sortimentsentwicklung und der technologischen Perspektiven. Wir halten es auch für notwendig, alle Überlegungen unter dem Gesichtspunkt anzustellen, welche Vorteile die territoriale Konzentration bringt. Es geht also um differenzierte Lösungen, die sich aus der Besonderheit der Produktengruppen ergeben.

Dabei ist die Wirksamkeit der Betriebsstätten zu untersuchen. Unter dem Gesichtspunkt einer vielseitigen, variablen und disponiblen Produktion sind sowohl große, mittlere und kleine Produktionsstätten erforderlich. Daraus ergibt sich m. E. die Notwendigkeit zur Festlegung einer Konzeption zur Wirtschaftsorganisation der Kombinate, in der u. a. festgelegt wird, welche Betriebe selbständig bleiben und welche konzentriert werden.

Es sind eine Reihe inhaltlicher Fragen zu klären, z. B. auf welcher Ebene im Kombinat welche Kapazitäten zu konzentrieren sind, um den einheitlichen Reproduktionsprozeß richtig zu leiten und welche Aufgabenkomplexe zentral und welche dezentral gelöst werden.

Die Zentralisationsprozesse sind so zu gestalten, daß dabei „das Fenster zum Markt, der Blick zum Kunden“ nicht getrübt wird. So hat sich z. B. im Kombinat Trikotagen die Zentralisierung der Verkaufsprozesse auf Grund der zu großen Entfernung von der Produktion nicht bewährt. Auch auf anderen Gebieten wie Wissenschaft und Technik, Forschung und Entwicklung, Rationalisierungsmittelbau und Lagerwirtschaft wird man differenziert sowohl zentrale als auch dezentrale Bereiche bilden können.

Abschließend möchte ich noch darauf verweisen, daß die Herausarbeitung der Rolle und Stellung der Kombinate zwangsläufig die Frage nach Inhalt, Qualität und Methoden der Arbeit der zentralen Staatsorgane, besonders der Industrieministerien, gestellt hat. Was dies betrifft, so sind mit den Beschlüssen vom Mai 1979 grundlegende Fragen geklärt. Für ihre Realisierung ist noch eine konzentrierte Arbeit erforderlich. Klar ist schon heute: Die Forderungen an uns sind anspruchsvoller geworden, wir werden weniger in Details befragt, dafür stärker zu Grundsatzfragen. Unser Leitungsstil wird kritischer bewertet, wir stellen uns den neuen Maßstäben.

F. Haberland

Der ökonomische Vergleich – Hebel für die Leistungs- und Effektivitätsentwicklung der Kombinate und Betriebe

In der qualitativ neuen Etappe unserer sozialistischen Planwirtschaft, in der sich die ökonomische Entwicklung in Industrie und Bauwesen nahezu vollständig auf der Grundlage der Kombinate vollzieht, erlangen Fragen des ökonomischen Vergleichs zunehmend an Gewicht. Er dient dem Ziel, möglichst alle Wirtschaftseinheiten an das Niveau der Fortgeschrittenen heranzuführen. Die bewährte Form des Betriebsvergleichs als eine Quelle höherer Effektivität der Produktion kann und muß nunmehr erweitert werden, um den ökonomischen Vergleich zwischen den Betrieben eines Kombinats und zwischen Kombinaten in den Industriebereichen und über die Zweige und Bereiche hinweg. Das ist ein bedeutsamer Schritt, um diejenigen Reserven zu erschließen, auf die es für die erfolgreiche Fortsetzung der Wirtschafts- und Sozialpolitik der Partei ankommt. Der ökonomische Vergleich zwischen Kombinaten und zwischen den Betrieben eines Kombinats ist auch deshalb so wichtig, weil die bisherigen Entwicklungstendenzen im Wachstum der Produktion nicht mehr mit den gleichen Mitteln fortgesetzt werden können. Qualitative Änderungen sind erforderlich: Das Wachstum muß mit gleichbleibenden oder sinkenden Energie- und Rohstoffmengen, mit weniger Arbeitskräften erreicht werden. Die Erfahrungen der Schrittmacher bei der erfolgreichen Lösung der qualitativ neuen Aufgaben zu studieren und die Bedingungen für ihre Übertragbarkeit zu schaffen ist folglich von prinzipieller Bedeutung für den weiteren Leistungsanstieg.

Die Kombinate in Industrie und Bauwesen tragen die gleiche volkswirtschaftliche Verantwortung; sie haben weitgehend ähnliche ökonomische Grundaufgaben zu lösen. Jedoch treten dabei – wie der Erfahrungsaustausch des ZK mit den Generaldirektoren der Kombinate und den Parteiorganisatoren des ZK in Gera deutlich zeigte – merkliche Unterschiede in den volkswirtschaftlichen Leistungen und in den Zielsetzungen für die nächsten Jahre auf. Untersuchungen in einer größeren Anzahl von Kombinaten und Betrieben lassen den Schluß zu, daß diese Differenziertheit durchaus nicht immer in erster Linie auf „spezifische" Reproduktionsbedingungen, auf „günstigere" Voraussetzungen zurückzuführen sind. Das Berufen auf „Besonderheiten" des eigenen Reproduktionsprozesses, das Überbetonen der Spezifik der Produktion, die sich bei tieferer ökonomischer Analyse schließlich als unbegründet erweisen, wirkt in vielen Fällen geradezu als Bremse für die Leistungsentwicklung. „Jetzt besteht die Aufgabe darin, daß alle Kombinate nach den Maßstäben der Besten arbeiten. Das Tempo der Annäherung an das fortgeschrittene Niveau ist dabei zu erhöhen."[1]

Der Erfahrungsaustausch in Gera vermittelte wertvolle Anregungen zum ökonomi-

[1] E. Honecker, Die nächsten Aufgaben der Partei bei der weiteren Durchführung der Beschlüsse des IX. Parteitages der SED, Berlin 1980, S. 42.

schen Vergleich, demonstrierte überzeugend seine Rolle als Hebel für die Leistungs- und Effektivitätsentwicklung. Um ein Beispiel herauszugreifen: Das Kombinat Bau- und Grobkeramik führte einen ökonomischen Vergleich mit dem Zementkombinat, dem Kombinat Zuschlagstoffe und Naturstein, dem Kombinat Bauelemente und Faserbaustoffe, dem Kombinat Technische Gebäudeausrüstung und dem Kombinat Fliesen- und Sanitärkeramik zum Niveau der Arbeitsproduktivität durch. Besonders der Vergleich mit dem Zementkombinat deckte die entscheidenden Ursachen für bestehende Unterschiede auf. Nach gründlicher Analyse der Bedingungen, die dem höheren Niveau der Arbeitsproduktivität im Zementkombinat zugrunde liegen, wurden jene Maßnahmen festgelegt, die dem Kombinat Bau- und Grobkeramik die Annäherung an das fortgeschrittene Niveau ermöglichen. Der Hauptweg dazu ist die Organisierung komplexer Neuerungsprozesse. Dadurch werden wesentliche ökonomische und soziale Wirkungen erreicht: eine beträchtliche Steigerung der Arbeitsproduktivität, Freisetzung von Arbeitskräften, Erhöhung der Gebrauchswerte der Erzeugnisse, Senkung des spezifischen Energie- und Materialverbrauchs und weitgehende Verbesserungen in den Arbeitsbedingungen. Die Lösung dieser Aufgaben wird bei den weiteren Arbeiten am Fünfjahrplan 1981 bis 1985 umsichtig vorbereitet und mit dem Plan Wissenschaft und Technik für das Jahr 1981 eingeleitet.

Das Herangehen dieses Kombinats vermittelt bereits eine wichtige Erkenntnis: Der ökonomische Vergleich zwischen weitgehend spezialisierten Kombinaten ist durchaus möglich und führt – richtig angewandt – zu bedeutenden volkswirtschaftlichen Wirkungen.

Der Vergleich zwischen den Kombinaten und zwischen den Betrieben eines Kombinats muß sich folglich aus zwingenden Gründen zu einem normalen Element qualifizierter Leitungstätigkeit entwickeln. Dazu ist es unbedingt erforderlich, daß die Generaldirektoren der Kombinate und die Betriebsdirektoren noch tiefer in die ökonomischen Prozesse und ihre Zusammenhänge, in die Wirkungsbedingungen der ökonomischen Gesetze des Sozialismus bei intensiv erweiterter Reproduktion im Rahmen einer großen Wirtschaftseinheit eindringen. Heute und künftig kennzeichnen das Analysieren und Messen der eigenen Leistungsentwicklung, das stets kritische, parteimäßige Bewerten der tatsächlich erreichten Ergebnisse an Hand der von der 11. Tagung des ZK der SED gesetzten Maßstäbe, das ehrliche Vergleichen mit den Leistungen gut arbeitender Kombinate und das energische Überwinden bestehender Niveauunterschiede maßgeblich den Leitungs- und Arbeitsstil in den Kombinaten und Betrieben. Schließlich verfügen die Kombinate über die erforderlichen materiellen und geistigen Potenzen, um den Prozeß der Annäherung an die Leistungen der Besten zu vollziehen.

Es kommt nunmehr darauf an, Leistungsentwicklung, Leistungsmessung, Leistungsbewertung, Leistungsvergleich und ökonomische Stimulierung als einheitlichen Prozeß der weiteren ökonomischen Durchdringung der Leitungstätigkeit, des gesamten Reproduktionsprozesses in Kombinaten und Betrieben zu entwickeln. Damit dient der ökonomische Vergleich der konsequenten Durchsetzung des Leistungsprinzips. Es umschließt als untrennbare Einheit sowohl den Prozeß notwendiger Leistungsentwicklung als auch die Verteilung nach den Maßstäben erbrachter Arbeitsleistung und ist also unmittelbar mit dem Gesetz der Ökonomie der Zeit verbunden. Nach dem Erfahrungsaustausch in Gera gilt es nun, den ökonomischen Vergleich in eigener Verantwortung der Kombinate – unterstützt durch die Ministerien – mit dem Ziel zu organisieren, in Vorbereitung des X. Parteitages der SED die Ergebnisse der besten Kombinate zur gesellschaftlichen Norm zu machen. Dazu ist es erforderlich, die ökonomischen Ergebnisse der Kombinate bzw. der Kombinatsbetriebe an Hand einheitlicher Kriterien zu messen und sie miteinander zu vergleichen. Es sind die Ursachen der unterschiedlichen Entwicklung zu analysieren und die Erfahrungen der Besten zum Ausgangspunkt zu nehmen, um neue Wachstumspotenzen zu mobilisieren.

Wie ist an das Aufdecken und Beseitigen von Niveauunterschieden grundsätzlich heranzugehen?

Am Anfang steht die klare ideologische Grundposition, sich vergleichen zu wollen, sich den Erkenntnissen aus dem Vergleich zu stellen – ehrlich und ohne Schönfärberei. Diese Einsicht und ideologische Bereitschaft zu entwickeln und zu festigen, stets für die Einheit von Vergleich, Ursachenermittlung, Austausch der besten Erfahrungen und verbindlicher Festlegung der Veränderungen zu sorgen, darin besteht in nächster Zeit ein politischer Auftrag von hohem Rang für die Parteiorganisationen und die leitenden Kader in den Kombinaten und Betrieben. Jede direkte Konfrontation der Leiter und der Kollektive mit den erreichten Ergebnissen, der konkrete Nachweis, wo das Kombinat, wo der Betrieb bei der Erfüllung wichtiger ökonomischer und sozialpolitischer Aufgaben im Rahmen seines Industriebereichs, in der Volkswirtschaft steht, fördert die Atmosphäre des Wetteiferns und das Verantwortungsbewußtsein für die Volkswirtschaft, stärkt das sozialistische Eigentümerbewußtsein. Dabei können sich viele staatliche Leitungen und Parteiorganisationen auf gute Erfahrungen bei den bisher durchgeführten Leistungsvergleichen stützen.

So organisiert beispielsweise das Ministerium für Erzbergbau, Metallurgie und Kali seit 1978 einen Leistungsvergleich zwischen den Kombinaten dieser Industriezweige. Er ist darauf gerichtet, die Verantwortung der Leitungen der Kombinate für eine kontinuierliche und allseitige Planerfüllung zu erhöhen, ausgewählte Plankennziffern gezielt zu überbieten und sich dazu an den Arbeitsergebnissen der Besten zu orientieren. Die verwendeten Kriterien und Kennziffern lenken die Initiative der Kollektive im sozialistischen Wettbewerb vorwiegend auf folgende Schwerpunkte: Deckung des Bedarfs der Verbraucherzweige und der Bevölkerung; hohe Rentabilität in den Export- und Importbeziehungen, der Leistungen überhaupt durch die effektivste Nutzung der Ergebnisse des wissenschaftlich-technischen Fortschritts. Die Erfüllung der Kennziffern wird monatlich bzw. quartalsweise ausgewiesen. Im Leistungsvergleich dieser Industriezweige wird die Erfüllung der Aufgaben des Jahresvolkswirtschaftsplanes gemessen und bewertet; deshalb deckt er zunächst primär Niveauunterschiede in dieser Planperiode auf. Davon ausgehend, untersuchen im engen Zusammenwirken mit den Kombinaten Fachabteilungen des Ministeriums die tiefer liegenden Ursachen für die festgestellten Unterschiede. Sie werden in der halbjährlichen Auswertung durch den Minister vor Vertretern der staatlichen Leitungen, der Partei- und Gewerkschaftsleitungen der Kombinate und Kombinatsbetriebe dargestellt, und es werden Maßnahmen zur Annäherung der Kombinate an die Leistungen der Besten getroffen. Dieser ökonomische Vergleich hat wesentlich zur Qualifizierung der Leitungs- und Planungstätigkeit in den Kombinaten und Betrieben, aber auch im Ministerium selbst, beigetragen und fördert wirksam volkswirtschaftliches Denken und Handeln.

Aus den bisherigen Erfahrungen – auch in den Industriebereichen Elektrotechnik/Elektronik und chemische Industrie – ist zunächst zu schließen, daß der ökonomische Vergleich in einer ersten Stufe an Zuwachs- oder Senkungsraten, an bestimmten Kennziffergruppen zu orientieren ist. Dann ist eine tiefgehende und umfassende Analyse jener materiell-technischen einschließlich technologischen und organisatorischen Bedingungen, der Qualifikationsstruktur und der Arbeitsbedingungen der Werktätigen unerläßlich, um die konkreten Ursachen für die in den Kennziffern sich abzeichnenden Leistungsunterschiede aufzudecken. Er muß also stets von den Kennziffern zu den Prozessen und Sachverhalten in der Reproduktion – bis hin zu den Leitungsmethoden – vordringen; denn erst dann sind Schlüsse zu ziehen für Veränderungen im eigenen Reproduktionsprozeß mit dem Ziel höherer Effektivität. Weiter hat sich gezeigt, daß die Wirksamkeit des Leistungsvergleichs im hohen Maße vom Aufbau und der konsequenten Durchsetzung eines Systems progressiver technisch-ökonomischer Normen und Normative beeinflußt wird.

Zur analytischen Vorbereitung und Durchführung des ökonomischen Vergleichs sind bewährte Methoden der betriebswirtschaftlichen Analyse und der Prozeßanalyse zu nutzen. Die rechentechnische Ausstattung der meisten Kombinate ermöglicht darüber hinaus, die analytische Arbeit auch durch die Anwendung mathematisch-statistischer Verfahren zu unterstützen und zugleich den Informationsaufwand in vertretbaren Grenzen zu halten.

Ein wichtiges Problem der Analyse besteht darin, quantifizierbare Kriterien bzw. Kennziffern für den ökonomischen Vergleich auszuarbeiten und anzuwenden. Diese Kriterien bzw. Kennziffern müssen geeignet sein, um zu den ökonomischen Prozessen und Sachverhalten im materiellen Prozeß der Kombinate und Kombinatsbtriebe, zu den Ursachen der Niveauunterschiede vorstoßen zu können. Sie sollten auch in engem Zusammenhang mit der Leistungsmessung und -bewertung gesehen werden. Der ökonomische Vergleich könnte sich in einer ersten Stufe, als Ausgangspunkt für eine tiefergehende Ursachenforschung an folgenden Kriterien bzw. Kennziffern orientieren:

Entwicklung wichtiger Leistungskennziffern;
Steigerung der Arbeitsproduktivität;
Entwicklung der Exporteffektivität;
Entwicklung des technisch-ökonomischen und organisatorischen Niveaus der Produktion;
Entwicklung der Material- und Energieökonomie;
Entwicklung der Grundfonds- und Investitionsökonomie;
Einsatz des gesellschaftlichen Arbeitsvermögens einschließlich des Anteils des Leistungs- und Verwaltungspersonals an der Gesamtzahl der Arbeiter und Angestellten;
Entwicklung der Arbeits- und Lebensbedingungen der Werktätigen;
Entwicklung der Selbstkosten und der Rentabilität einschließlich der Leitungs- und Verwaltungskosten je 100 Mark Warenproduktion;
Wachstumsrelationen wie das Verhältnis der Erhöhung der Arbeitsproduktivität zum Wachstum der Warenproduktion, und zwar unter Beachtung des erreichten Niveaus.

Der ökonomische Vergleich führt erst dann zu dem beabsichtigten Ziel und Effekt, wenn sich die Untersuchung der materiell-technischen Prozesse, der personellen und finanziellen Bedingungen zugleich auch auf die damit zusammenhängenden Leitungs- und Planungsmethoden einschließlich der konkreten Formen der Mitwirkung der Werktätigen bei der Leitung der Wirtschaftsprozesse erstreckt.

Da wir uns die Maßstäbe nicht aussuchen können, sollte unbedingt auch der internationale Vergleich – vor allem zu Wissenschaft, Technik einschließlich Technologie und Produktionsorganisation – sinnvoll herangezogen werden. So haben die traditionellen „Schmelzen der Freundschaft" – eine bewährte Form des technisch-ökonomischen Vergleichs zwischen Stahl- und Walzwerken in der DDR und in der UdSSR – beiden Partnern wertvolle Aufschlüsse zur Hebung des wissenschaftlich-technischen und ökonomischen Niveaus dieser Prozesse vermittelt.

Zur effektivsten Vorbereitung, Durchführung und Auswertung des ökonomischen Vergleichs sind noch vielfältige Erfahrungen zu sammeln. Wichtig erscheint schon jetzt, sich zunächst auf wenige Hauptkennziffern und inhaltliche Schwerpunkte zu konzentrieren, sich nicht zu verzetteln oder sich in einem dichten Netz von Kennziffern zu verfangen. Stets ist die Frage zu beantworten, wie und unter welchen Reproduktionsbedingungen es dem Vergleichspartner gelungen ist, die höhere Leistungs- und Effektivitätsentwicklung auf dem Hauptweg der Intensivierung nach den Maßstäben der 11. Tagung des ZK der SED zu erreichen. Erkenntnisse aus dem Vergleich gewinnen in dem Maße an Gewicht, wie die Kennziffern zu den untersuchten Problemkreisen auf längerfristigen Zeitreihen beruhen. Schließlich sollte beim Messen und Bewerten von Niveauunterschieden beachtet werden, in welchem Stadium des Reproduktionszyklus sich das Kombinat bzw. der Kombinatsbetrieb befindet. Je nachdem, ob gegenwärtig und in nächster Zeit eine vor wenigen Jahren getätigte Rationalisierungsinvestition ökonomisch voll wirksam oder ob ein Prozeß umfassender Rekonstruktion gerade eingeleitet wird, hat das bestimmende Auswirkungen auf die Reproduktionsbedingungen und damit auch auf die Wachstumsraten.

Beim ökonomischen Vergleich zeigt sich oft, daß ein Kombinat bei einigen Kennziffern Spitzenpositionen einnimmt, bei anderen Kennziffern dagegen nur mittelmäßige oder geringe Leistungen aufweist. Mit anderen Worten: Selbst Wirtschaftseinheiten, die als leistungsstark einzuschätzen sind und die in einigen Hauptkennziffern beispielgebende Arbeitsergebnisse erzielen, können und werden in der Regel auf bestimmten Gebieten noch Rückstände haben – gemessen an den volkswirtschaftlichen Erfordernissen, ihren eigenen Möglichkeiten und Bedingungen und auch im Vergleich zu den Leistungen anderer Kombinate. Keine Wirtschaftseinheit ist so gut, daß sie nicht von der anderen dazulernen und selbst noch besser werden kann. Der ökonomische Vergleich hat also auch die wichtige Funktion, die Fortgeschrittenen zu veranlassen, den Verlauf und die Ergebnisse ihres Reproduktionsprozesses stets kritisch zu analysieren und Schwachstellen zu beseitigen. Das ist unerläßlich und zugleich eine wichtige Quelle, um das Verhältnis von Aufwand und Ergebnis insgesamt weiter zu verbessern.

Die aus dem ökonomischen Vergleich resultierenden Erkenntnisse in planwirksame Maßnahmen umzusetzen, die Leistungen der Besten unter reproduzierbaren Bedingungen zur Norm sozialistischen Wirtschaftens im eigenen Verantwortungsbereich zu machen, ist eine Herausforderung an das Niveau der Leitungstätigkeit. Das Ausarbeiten von Zielsetzungen und Aufgaben, um die Bedingungen für die Übernahme der Leistungen der Besten zu entwickeln, ist anspruchsvolle wissenschaftliche Arbeit. Sie kann in der Regel nur als Gemeinschaftswerk von Leitern, Spezialisten, Facharbeitern und Neuerern erfolgreich bewältigt werden. Der Kampf um das Überwinden von Niveauunterschieden muß im Plan seinen Niederschlag finden. Das erfordert gründliche konzeptionelle Vorbereitung des Plans – rechtzeitig abgestimmt mit den Hauptkooperationspartnern. Darüber hinaus verlangt der ökonomische Vergleich zwingend, die Planung von Wissenschaft und Technik, der sozialistischen Rationalisierung und der Neuererbewegung inhaltlich auf diese Fragen einzustellen.

Beim Annähern an das Niveau der Fortgeschrittenen gilt es, einen hohen Grad von Verbindlichkeit zu sichern, das Übernehmen der besten Erfahrungen nicht dem Ermessen oder dem Zufall zu überlassen. Deshalb erscheint es zweckmäßig, vor allem für hocheffektive Maßnahmen, die übertragen werden sollen, staatliche Aufträge auszuarbeiten. Ähnlich wie mit den Pflichtenheften sind so die zu erreichenden ökonomischen Parameter und sozialen Bedingungen durch die General- und Betriebsdirektoren verbindlich festzulegen, planwirksam zu machen und schließlich in den Reproduktionsprozeß der Wirtschaftseinheit einzusteuern. Die Realisierung von Zielstellungen und Aufgaben aus ökonomischen Vergleichen wird maßgeblich gefördert, wenn sich die Arbeitskollektive mit den progressiven Veränderungen identifizieren, wenn sie kollektive oder persönliche Beiträge – wie im Rahmen eines „Persönlichen Planangebots", durch „Notizen zum Plan" – übernehmen. Um die Erfahrungen der Besten nachzunutzen, ist es also bedeutungsvoll, die aus Leistungsvergleichen sich ergebenden Schwerpunkte in die Kampfprogramme der Parteiorganisationen und in den sozialistischen Wettbewerb aufzunehmen und die Lösung der Aufgaben wirkungsvoll materiell und moralisch zu stimulieren.

H. Kantowski

Höhere Anforderungen an die Leitung und Planung der Kombinatsbetriebe

Die heutige Tagung des Wissenschaftlichen Rates findet zu einem Zeitpunkt statt, wo wir alle Anstrengungen zur allseitigen Erfüllung der Aufgaben des letzten Jahres des Fünfjahrplanes 1976–1980 unternehmen und gleichzeitig damit die Basisbedingungen zur Überleitung für den Fünfjahrplan 1981–1985 schaffen. Somit wird dieses Planjahr 1980 zu einem wesentlichen Maßstab für die erforderliche Erschließung innerer Reserven für die notwendigen hohen Wachstumsraten in den kommenden Jahren.

Unterschiedlich werden die Ausgangsbedingungen innerhalb und zwischen den Kombinaten sein. Unterschiedlich wird auch zur Zeit noch das Niveau der Leitung und Planung sein, und es bedarf gründlicher Diskussionen, um in einer gesunden Synthese, zeitlich und inhaltlich, die Niveauunterschiede zu überwinden und das Tempo der Annäherung an das fortgeschrittene Niveau zu erhöhen. Es ist deshalb zu begrüßen, daß auf Initiative der SED und mit Unterstützung der Akademie der Wissenschaften der DDR und anderer wissenschaftlicher Einrichtungen der DDR die qualitativ neue Etappe unserer sozialistischen Planwirtschaft durch Diskussionen, Erfahrungsaustausche und Beratungen vorangetrieben wird. Die neuen Anforderungen an die Entwicklung der Kombinate zur Stärkung der ökonomischen Leistungskraft unserer Volkswirtschaft können nur wirksam umgesetzt werden, wenn auch die Organisation in den Kombinaten dementsprechend gestaltet wird.

An dieser Stelle möchte ich nachdrücklichst die Feststellung der 10. Tagung des ZK der SED unterstreichen, auf der Erich Honecker im Schlußwort betonte: „Jetzt kommt es darauf an, die Arbeitsfähigkeit der Kombinate, gerichtet auf höhere ökonomische Leistungen, unter allen Umständen zu sichern. Der Wechsel des Firmenschildes reicht dafür nicht aus."

Andererseits heißt es, daß der Kombinatsbetrieb nicht die Fragen zum Kombinat hinschieben darf, sondern seine eigene Mitwirkung qualifiziert. Ich sage das deshalb, weil Fragen der wirtschafts- und leitungsorganisatorischen Festigung der Kombinate nicht nur am Anfang ihrer Bildung stehen, sondern ständig entsprechend der objektiv wachsenden Eigenverantwortung beachtet und bearbeitet werden müssen.

Der VEB Elektrokohle Lichtenberg – seit 1. 1. 1970 Kombinatsbetrieb des VEB Chemiekombinat Bitterfeld – ist alleiniger Produzent von technischen Kohleerzeugnissen in der DDR und größter Hersteller von Siliziumkarbid-Heizleitern im RGW. Die daraus historisch gewachsene relative Selbständigkeit des Betriebes wird mit der Bilanzverantwortung für die Versorgung der Volkswirtschaft mit Erzeugnissen aus technischer Kohle juristisch untermauert. Gegenwärtig befindet sich der Betrieb in einer umfassenden Phase der Rekonstruktion und Rationalisierung, mit dem Ziel, den steigenden volkswirtschaftlichen Anforderungen gegenwärtig und in Zukunft gerecht zu werden.

Die 1. Etappe der Phase der Rekonstruktion und Rationalisierung begann 1975 und wird 1983 mit einem materiellen Investvolumen in Höhe von 354 Mio M abgeschlossen. Bisher haben wir ca. 175 Mio M realisiert.

Die 2. Etappe beginnt in der Vorbereitung im Jahre 1980, mit Realisierungsbeginn 1982 im Umfang von ca. 223 Mio M. Diese Rekonstruktion wird bei laufender Produktion auf dem relativ beengten Gelände des Betriebes organisiert. Das bedeutet für uns im EKL jährlich, bei einer Warenproduktion von ca. 310 Mio M, ca. 45 bis 50 Mio M Investitionen zu realisieren.

Wir standen als Kollektiv der Leitung des Betriebes und auch im Verband des Kombinates vor einer neuen Aufgabe im Prozeß der Vorbereitung sowie in der Realisierung solcher umfangreichen Rekonstruktionsmaßnahmen bei laufender Produktion. Um diesen Prozeß leiten zu können, suchten wir eine echte kameradschaftliche Zusammenarbeit mit wissenschaftlichen Einrichtungen in Lehre und Forschung. Diese Möglichkeit gaben uns das Zentralinstitut für sozialistische Wirtschaftsführung beim ZK der SED und das Institut für sozialistische Wirtschaftsführung der Technischen Hochschule „Carl Schorlemmer" Leuna-Merseburg. In Gemeinschaftsarbeit wurden Wege und Methoden erarbeitet, die uns in der Praxis halfen.

Ich möchte nach fünfjähriger intensiver Arbeit einige Erfahrungen aus der Praxis bei der Vorbereitung und Durchführung unseres Investitionsprogramms darlegen. Wir haben in diesem Prozeß gelernt, aber ich möchte auch nicht verhehlen, daß wir einiges Lehrgeld haben zahlen müssen.

Wir haben bei der Ausarbeitung der Langfristkonzeption feststellen müssen, daß dies nicht auf einen Direktionsbereich übertragbar ist, sondern der Leiter des Betriebes sich selbst an die Spitze bei der Vorgabe der Zielfunktionen und der Gliederungen stellen muß. Dabei haben wir eine zentrale Arbeitsgruppe unter Leitung des Betriebsdirektors geschaffen und haben uns vor allem bei der konzeptionellen Erarbeitung von der Komplexität der Aufgaben leiten lassen. Das heißt konkret: Herausarbeitung der Erzeugnislinien mit der Einschätzung des Standes der Erzeugnisentwicklung sowie der Technologie nach dem Weltstand, Ableitungen für die Grundfondsreproduktion in Verkettung der bestehenden und neu zu schaffenden Fertigungslinien bis zur Überleitung in die Produktion. Die erarbeitete Konzeption wurde in der Direktion beraten und als einheitliches Dokument der Leitung verabschiedet. Grundlinie der Konzeption war, ausgehend von den Beschlüssen des VIII. und IX. Parteitages der SED und der Tagungen des ZK, die Einheit von Wissenschaft und Technik, Organisation, Grundfondsreproduktion und Überleitung in die Produktion zu wahren. Voraussetzung für die Ausarbeitung war und ist das gründliche Studium der Beschlüsse, um das richtige Schrittmaß konzipieren zu können.

Ableitend aus der Konzeption der langfristigen Intensivierung wurden die Aufgabenstellungen und die Grundsatzentscheidungen erarbeitet. Es waren Grundsatzdokumente vorhanden, die in der ökonomischen Aussage schon nach strengen Maßstäben erarbeitet worden waren. In Auswertung der 9. und 11. Tagung des ZK galt es, die Effektivität der Investitionsvorhaben zu überprüfen. Unter meiner persönlichen Einflußnahme war es in diesem Falle erforderlich, die Überprüfungen zu leiten. Hierbei hatten wir ideologische Hindernisse zu überwinden, um keine Wunschvorstellungen zuzulassen. Im Ergebnis der Überprüfung und einer Verteidigung beim Generaldirektor konnten wir nachweisen, daß der Investaufwand beim Rationalisierungs-, Rekonstruktions- und Umweltschutzprogramm um 5 Mio M gesenkt und die industrielle Warenproduktion um 22,5 Mio M erhöht werden konnte. Beim Erweiterten Rationalisierungs-, Rekonstruktions- und Umweltschutzprogramm konnten wir den Investaufwand um 6,1 Mio M senken und den Zuwachs der IWP um 5,0 Mio M erhöhen. Diese Problematik lehrt uns, daß die ausgearbeiteten Zielsetzungen keine unabänderlichen Größen sind, sondern einer Dynamik unterliegen, da im Entwicklungsprozeß neue Erkenntnisse heranreifen.

Eine grundsätzliche Aufgabe zur Beherrschung eines umfassenden Investitionsvorhabens ist in der optimalen Gestaltung der Leitungsorganisation zu sehen. Deshalb gilt eine generelle Schlußfolgerung:

Den Investitionsprozeß nicht neben die Leitung eines Betriebes stellen, sondern ihn komplex in die Leitung einbinden und von hier aus die Führungsverantwortung sichern. Es geht um die klare Bestimmung der Verantwortungsfelder und Verantwortlichkeiten für die Erarbeitung von Aufgaben, Zielen, Wegen und Methoden zu ihrer Lösung. Wir praktizieren folgenden Weg:

Bei der umfangreichen Rekonstruktion hat es sich leitungsmäßig bei uns nicht bewährt, den Prozeß der Reproduktion der Grundfonds unter Leitung des Technischen Direktors zu stellen. Deshalb haben wir ein Direktorat Investitionen geschaffen. Im Direktorat Investitionen werden verantwortlich die Grundsatzentscheidungen ausgearbeitet. Von hier werden die Aufgabenstellungen an Forschung und Entwicklung und Verfahrenstechnologie sowie Ökonomie vorgegeben, die dann vor einem Gremium, unter Leitung eines Auftragsleiters, der gleichzeitig 1. Stellvertreter des Investdirektors ist und die Bereiche Investvorbereitung und Projektierung leitet, verteidigt werden müssen. Er berichtet monatlich in der Langfristarbeitsgruppe des Betriebsdirektors.

Ich kann einschätzen, daß sich diese Form bewährt hat. Dabei haben wir die Erkenntnis gewonnen, die entscheidendsten Aufgaben in den Bereich der Vorbereitung zu delegieren und ihre qualifizierte Abarbeitung zu sichern. Je besser die Vorbereitung, desto qualifizierter ist die Realisierung. Monatlich wird in der Direktionssitzung unter meiner Leitung die Langfristkonzeption kontrolliert und die anstehenden Probleme in Fortschreibung beraten und entschieden. – Für die Entwicklung des Betriebes verwende ich 50% meiner verfügbaren Arbeitszeit. – Als Sekretär der Langfristarbeitsgruppe, der alle Direktoren angehören und entsprechend den Schwerpunkten Fachexperten hinzugezogen werden, wurde der 1. Stellvertreter des Betriebsdirektors eingesetzt. Natürlich entsteht hieraus eine doppelte Belastung der Direktoren und vieler Kollegen in den einzelnen Fachbereichen. Aber nach unserer Erkenntnis ist nur der Weg, bei Sicherung der Einheit und Übereinstimmung in den Aufgabenstellungen zwischen Absatz, Forschung und Entwicklung, Investitionen, Ökonomie und Produktion auf Basis bestätigter Grundsatzdokumente, möglich, und er hat sich in unserem Betrieb bewährt.

Positiv muß an dieser Stelle auch die gute Arbeitsteilung zwischen Kombinat und Kombinatsbetrieb erwähnt werden. Die eigenverantwortliche Wahrnehmung von Aufgaben zur Erfüllung von Kombinatsaufgaben durch den Kombinatsbetrieb ist Grundlage der Wechselbeziehungen zwischen Kombinat und Kombinatsbetrieb. Das straffe Rapportsystem konnte erst voll wirksam werden nach Bildung des Direktorates Investitionen. Für uns ist eine wichtige Leitungsschlußfolgerung die Herstellung der Einheit von Plan, Bilanz und Vertrag zwischen Investitionsauftraggeber und den Hauptauftragnehmern Bau und Ausrüstungen. Wichtig zu dem Rapportsystem ist die Konzentration auf inhaltliche Schwerpunkte und in welchen Leitungsebenen der Rapport stattfindet.

Eine weitere Erfahrung zeigte auch, daß der Schwerpunkt auf die Vorbereitung der Rapporte gelegt werden muß. Das heißt klare Herausarbeitung von Entscheidungsvorschlägen, nach Wichtung gezielt aufbereitet und dorthin delegiert, wo sie hingehören. Rapporte beim Generaldirektor und Minister müssen nicht als Hauptthema die materielle Realisierung, sondern die Vorbereitungsprobleme zum Inhalt haben.

Leitungsmäßig hat sich die Organisierung der Mitwirkung von außen bewährt. So haben wir eine echte Gemeinschaftsarbeit mit der Akademie der Wissenschaften, dem Zentralinstitut für sozialistische Wirtschaftsführung, der Bank und dem Vertragsgericht, um die Erfahrungen dieser Institutionen zu nutzen. Als Leitungsinstrument für die Fortschrittskontrolle wird mit rechnergestützten Netzplänen für Schwerpunktobjekte gearbeitet, um zu schnelleren Leitungsentscheidungen zu kommen. Dabei wird besonders Wert gelegt auf die Erfüllung von Terminen, anfallende Kosten, erforderliche Fonds, Maschinen und Arbeitskräfte.

Die aktive Teilnahme aller Werktätigen am Prozeß der Entscheidungsvorbereitung und Realisierung des Vorhabens ist ständig zu gewährleisten, um damit einen wichtigen Vorzug unserer sozialistischen Gesellschaftsordnung voll zur Wirkung zu bringen. Die Gesamtkonzeption ist vom Direktor persönlich vor einem breiten Kreis von Partei-, Gewerkschafts- und Jugendfunktionären, staatlichen Leitern, Bestarbeitern und Neuerern zu erläutern. In Wochenendschulungen, Spezialistengruppen und in Ideenkonferenzen wird ständig die Diskussion zum Entwicklungsprozeß geführt. Im Parteiaktiv werden Eckpfeiler gesetzt und unter ständiger Parteikontrolle gehalten. Der Komplexwettbewerb wird unter Leitung des BGL-Vorsitzenden des Investitionsauftraggebers organisiert und regelmäßig die Entwicklung eingeschätzt.

Zur leitungsmäßigen Untersetzung wurden in unserem Betrieb Rationalisierungskollektive gebildet, in denen die späteren Nutzer, die Technologen, Projektanten sowie weitere Experten aus anderen Fachbereichen mitwirken. Wir können einschätzen, daß die Rationalisierung bei laufender Produktion bisher entsprechend der Aufgabenstellung und trotz vieler Probleme der Plan kontinuierlich Monat für Monat in den letzten Jahren erfüllt wurde.

H. Hanspach

Ausgewählte Probleme zur besseren Nutzung des gesellschaftlichen Arbeitsvermögens durch wissenschaftliche Arbeitsorganisation

Seit Bestehen unserer DDR wurden beachtliche Fortschritte auf dem Gebiet der Entwicklung und der Reproduktion des gesellschaftlichen Arbeitsvermögens erreicht. Das Herausragendste hierbei ist die Sicherung der Vollbeschäftigung. Der hohe Beschäftigungsgrad ist dafür kennzeichnend und spiegelt sich bei den Frauen mit 87% am deutlichsten wider. Kennzeichnend ist auch, daß die Vollbeschäftigung auf der Grundlage einer weitsichtigen Bildungspolitik erreicht wurde.

Die Hauptprobleme erwachsen heute aus der Tatsache, daß wir in der Tendenz ein begrenzt verfügbares Arbeitsvermögen – bei wachsenden Leistungsanforderungen – haben. Wenn in den Jahren 1981 bis 1985 mit einem Zuwachs an Berufstätigen (ohne Lehrlinge) von etwa 230 T Personen gerechnet werden kann, so liegt er doch um ein Erhebliches niedriger als im vorangegangenen Fünfjahrplanzeitraum. Es sind folglich, gemessen an dem erforderlichen weiteren Leistungsanstieg, objektive Grenzen in der quantitativen Entwicklung gesetzt. Andererseits wird das aus unserer Bildungspolitik abgeleitete Niveau der Qualifikationsstruktur des Arbeitsvermögens weiterhin steigen. Heute haben mehr als 70% aller Berufstätigen eine abgeschlossene Hoch-, Fachschul- oder Facharbeiterausbildung, die die spezifische Weiterbildung noch nicht mit einschließt. Solche Veränderungen stehen mit der in den letzten Jahren vollzogenen Beschleunigung des wissenschaftlich-technischen Fortschritts in einem direkten Zusammenhang. Es ist erkennbar, daß Bildungspolitik, Wissenschaft und Technik sowie die volle Nutzung der Bildungspotenzen immer zwingender zu einem Schwerpunkt des abgestimmten und damit stärker ökonomisch orientierten Vorgehens werden.

Wichtige Zweige wie die Elektronik, die Meß-, Steuer- und Regeltechnik, die Chemie, Datenverarbeitung oder der Maschinenbau entwickeln neue Maschinengenerationen, die neue Anforderungen an die Menschen stellen. Das weitere Ansteigen des Qualifikationsniveaus – als Grundlage für die Entwicklung der Werktätigen zu allseitig gebildeten sozialistischen Persönlichkeiten – führt uns in der Leitung und Planung der Produktion an neuartige Aufgaben und Lösungswege heran. Sie bestehen vor allem darin, mit hoher Effektivität den Leistungsanstieg zu sichern, mit Wissenschaft und Technik den Reproduktionsprozeß hinsichtlich seiner materiell-technischen, organisatorischen und sozialen Bedingungen so zu gestalten, daß das Arbeitsvermögen rationell genutzt und dabei der sozialistische Charakter der Arbeit weiter ausgeprägt wird.

Hierin sehen wir Grundprobleme der Leistungsentwicklung im Kombinat, aber auch Aufgaben, die mit der Entwicklung unserer Gesellschaft als Ganzes verbunden sind und Auswirkungen auf die sozialistische Lebensweise haben.

Wie die Erfahrungen der Kombinate und Betriebe zeigen, hat die wissenschaftliche Arbeitsorganisation zur Verwirklichung der Wirtschafts- und Sozialpolitik einen bedeutenden Beitrag geleistet.

Ihr Anteil an den Arbeitszeiteinsparungen der Pläne Wissenschaft und Technik beträgt mehr als 30%. Im gegenwärtigen Fünfjahrplan wurden über 800 T Arbeitsplätze neu- oder umgestaltet, die körperlich schwere Arbeit bei 30% der Produktionsarbeiter in der Industrie, des Bau- und Verkehrswesens reduziert oder gänzlich beseitigt. Im Zusammenhang mit der weiteren Durchsetzung des sozialistischen Leistungsprinzips, mit der Einführung von Grundlöhnen für Produktionsarbeiter, neuer Gehälter für Meister sowie für Hoch- und Fachschulkader erhöhte sich die Wirksamkeit des gesellschaftlichen Arbeitsvermögens, was sich im Leistungszuwachs dieser Betriebe und in einer hohen Aktivität der Werktätigen widerspiegelt.

Der Wissenschaftliche Rat für Fragen der Ökonomie und Organisation der Arbeit sah seine Aufgabe darin, sowohl theoretischen Vorlauf zu schaffen als auch in unmittelbarer Verbindung mit der praktischen Arbeit in den Kombinaten zur Lösung aktueller Probleme der Wirtschafts- und Sozialpolitik beizutragen. Im Mittelpunkt der Ratsarbeit steht der Beitrag der Arbeitswissenschaften

— zur besseren Nutzung aller Potenzen für den weiteren Leistungsanstieg der Kombinate und Betriebe,

— zur Gestaltung von Leistungsbedingungen, die unter voller Nutzung von Wissenschaft und Technik und der breiten Anwendung der wissenschaftlichen Arbeitsorganisation in allen Phasen des Reproduktionsprozesses eine rasche Steigerung der Arbeitsproduktivität ermöglichen und der weiteren Ausprägung der sozialistischen Persönlichkeit dienen und

— zur Ausarbeitung von Lösungsrichtungen für einen rationellen und qualifikationsgerechten Einsatz des Arbeitsvermögens bis hin zur besseren Anwendung des sozialistischen Leistungsprinzips.

Wir sehen aus der Sicht unseres Rates wesentliche Einflußmöglichkeiten zur Erhöhung der Wirksamkeit des gesellschaftlichen Arbeitsvermögens durch die Leitung und Planung in den Kombinaten in folgenden Richtungen:

1. Der kontinuierliche Ausbau und die Nutzung der materiell-technischen Basis unserer Kombinate und Betriebe zur Erhöhung der Leistungsfähigkeit der Volkswirtschaft muß mit dem rationellen Einsatz, der planmäßigen Entwicklung und der Nutzung des gesellschaftlichen Arbeitsvermögens einhergehen. Es hat sich gezeigt, daß es notwendig ist, die Rationalisierung von ganzen Prozessen, technologischen Linien, von Betriebsabteilungen und Betrieben energischer voranzubringen. Das ist mit der konsequenten Beseitigung von bestehenden Arbeitszeitverlusten und mit der immer besseren Nutzung des vorhandenen Qualifikationsniveaus der Werktätigen verbunden. Eine Schlüsselstellung nimmt dabei die WAO ein, die in diesem Prozeß Aufgaben zu lösen hat, die mit der Entwicklung von neuen Erzeugnissen und hocheffektiver Technologien verbunden sind.

Wir haben in einer mehrjährigen Gemeinschaftsarbeit der RGW-Länder zu den Fragen der Entwicklung des sozialistischen Charakters der Arbeit grundlegende Standpunkte und generelle Entwicklungstendenzen ausgearbeitet. Die Vervollkommnung der materiell-technischen Basis, die Einführung neuer technologischer Prozesse, die Vertiefung der Arbeitsteilung und die zunehmende Konzentration und Kooperation der Arbeit führen dazu, das Niveau der Allgemeinbildung und der Qualifikation der Werktätigen weiter zu entwickeln und bei allen Rationalisierungsmaßnahmen zur Wirkung zu bringen. Empfehlungen für die Kombinate liegen vor und werden erprobt.

2. Die sozialistische Rationalisierung in den Kombinaten und Betrieben erfordert

eine langfristige Planung und die Konzentration der Leitung auf die Schwerpunkte des Leistungsanstiegs bei bestmöglicher Nutzung und minimiertem Arbeitsvermögen. Wie die Erfahrungen des Ministeriums für Erzbergbau, Metallurgie und Kali sowie der Kombinate Schwedt, Robotron und anderer zeigen, können durch die Anwendung arbeitswissenschaftlicher Erkenntnisse bei der Ausarbeitung und Anwendung langfristiger Rationalisierungskonzeptionen oder von Arbeitskräfte-Lohnkonzeptionen beachtliche Ergebnisse bei der Rationalisierung bestehender Arbeitsprozesse und im Stadium der Projektierung erzielt werden. Betriebe, die auf einer solchen Grundlage arbeiten, schränken erheblich den Mehrbedarf an Arbeitskräften bei den Investitionen ein und nehmen neue Objekte mit den im eigenen Bereich vorhandenen Arbeitskräften in Betrieb. Durch ein solches Vorgehen wird darauf hingewirkt, das Verhältnis zwischen Arbeitskräftefreisetzung und Arbeitskräftebedarf bei Investitionen zu verändern.

Wesentlich ist ferner, daß sich die Leitung und Planung in den Kombinaten auf Prozesse konzentriert, in denen mit wenig Aufwendungen hohe Effekte erzielbar sind. In einer beachtlichen Zahl von Kombinaten und Betrieben herrschen noch manuelle Arbeitsprozesse vor. Etwa 600 T Werktätige arbeiten in der Industrie unter solchen, mitunter recht belastenden Bedingungen. 76% der Werktätigen werden körperlich beachtlich gefordert, davon 16% überdurchschnittlich hoch. Das trifft nicht nur auf Haupt- sondern auch auf die Hilfsprozesse zu. Im Durchschnitt sind die Hilfsprozesse zu etwa 39% mechanisiert. Deshalb ist es nicht verwunderlich, daß in diesen Prozessen die Beschäftigtenzahlen teilweise wachsen, während sie sich in den Hauptprozessen reduzieren oder konstant bleiben.

Ich möchte hier auf das Problem der hohen Niveauunterschiede in der Entwicklung der Mechanisierung hinweisen, das uns immer wieder Arbeitskräfteprobleme bringt. Es ist erwiesen, daß teilautomatisierte oder vollmechanisierte Lösungen mitunter deshalb zu keiner absoluten Freisetzung von Arbeitskräften führten, weil die vor-, nach- oder nebengelagerten Prozesse in eine gleiche Leistungserhöhung nicht eingeschlossen wurden. Das hat beim Einsatz von Robotern und Handhabegeräten, die zu einem deutlichen Anstieg der Arbeitsproduktivität und gleichzeitig zu einer erheblichen Verbesserung der Arbeitsbedingungen führen, eine große ökonomische Bedeutung.

Praktische Erfahrungen liegen in den Hauptprozessen vor, bei denen die Mechanisierung gegenwärtig noch nicht voll durchgesetzt werden kann. Das betrifft die Montage und die Konfektionierungsprozesse sowie Arbeitsprozesse mit hohen Anteilen von Handarbeit. Die Anwendung des Verfahrens der wissenschaftlichen Arbeitsorganisation zur Gestaltung manueller Arbeitsprozesse führt zu ökonomischen Effekten. Damit konnten bereits z. B. bei den Näh- und Fügeprozessen, aber auch bei Handmontageprozessen ohne zusätzliche Arbeitskräfte erhebliche Arbeitsproduktivitätserhöhungen von 16% bis 30% pro Jahr erreicht werden. Das geschah ohne nennenswerte Investitionen. Wir schätzen ein, daß etwa 200 T Arbeitsplätze auf diese Art und Weise schnell rationeller gestaltet werden können. Da diese Methode auch bei Be- und Verarbeitungsprozessen mit entsprechenden Handhabungs- und Bedientätigkeiten erfolgreich angewandt werden kann, lohnt es sich, solche Prozesse hinsichtlich ihrer Analyse und Gestaltung in jedem Kombinat zu erfassen und schrittweise zu verändern.

Damit werden auch gute Möglichkeiten genutzt, im Massenumfang persönlichkeitsförderliche, leistungsfördernde und beanspruchungsoptimale Arbeitstätigkeiten zu gestalten, die der weiteren Ausprägung des sozialistischen Charakters der Arbeit und der Anreicherung des Arbeitsinhalts dienen.

Die Verwaltungsbereiche in den Kombinaten und Betrieben sowie die Prozesse der Leitung bilden vom Standpunkt der Einsparung an Arbeitskräften und des effektiven Einsatzes des Arbeitsvermögens und dessen Nutzung einen Schwerpunkt der Rationalisierung. Jeder fünfte Werktätige in der Industrie und im Bauwesen arbeitet im Bereich Leitung und Verwaltung. Der Ministerrat hat zur Rationalisierung im vergangenen Jahr entsprechende Festlegungen getroffen. Auf diesem Gebiet gibt es zwischen den Kombinaten und innerhalb der Betriebe erhebliche Niveauunterschiede. Leistungsvergleiche, die Übertragung von Erfahrungen der Besten mit Hilfe der Methoden und Instrumentarien der wissenschaftlichen Arbeitsorganisation führen hier zu guten Ergebnissen. Die Arbeit mit Arbeitskräftenormativen hat sich in einigen Kombinaten bereits bewährt. Ebenso sollte die gründliche analytische Arbeit mit den Verfahren des Arbeitsstudiums bei der Vorbereitung der EDV-Technik verstärkt werden. Das führt in der Phase der Vorbereitung bereits zur Einsparung von Arbeitskräften, wie das im Kombinat Robotron nachgewiesen werden kann.

3. In den Kombinaten ist die planmäßige Anwendung erprobter Methoden und Verfahren der wissenschaftlichen Arbeitsorganisation zur Erschließung von Leistungsreserven, zur Verbesserung der Arbeitsbedingungen sowie zur Durchsetzung des Leistungsprinzips zu verstärken. Dabei tragen jene Kombinate eine große Verantwortung, die Arbeitsmittel, Verfahren und hocheffektive Technologien für künftige Arbeitsprozesse entwickeln. Was die Arbeitsbedingungen anbelangt, so steht nach wie vor der Lärm an der Spitze der Expositionen. Bei allen wissenschaftlich-technischen Aufgaben sollte ferner langfristig auf die Minderung körperlich schwerer Arbeit und der Belastung der Werktätigen durch toxische Stoffe sowie die Verbesserung der klimatischen Bedingungen orientiert werden.

Unser besonderes Augenmerk muß der Entwicklung und Anwendung überbetrieblich vergleichbarer Typentechnologien gelten. In Verbindung mit Typenlösungen der wissenschaftlichen Arbeitsorganisation führen sie zu Steigerungsraten der Arbeitsproduktivität von 20% bis 60%. Hier liegen echte Quellen eines Rationalisierungsschubes in Größenordnungen, wie Beispiele aus dem Bereich Elektrotechnik/Elektronik, der Leichtindustrie und Lebensmittelindustrie unter Beweis stellen. Wir haben aber auch feststellen müssen, daß z. B. die überwiegende Mehrzahl der 170 entwickelten Typenlösungen der WAO noch unzureichend genutzt werden. Das hat auch im zögernden Bau von Rationalisierungsmitteln für Arbeitsplatzausrüstungen Ursachen. Diese Aufgabe muß eine stärkere Rolle bei der Planung spielen.

Beachtliche Ergebnisse wurden bei der Realisierung der Beschlüsse auf dem Gebiet der leistungsorientierten Lohnpolitik erzielt. Sie hatten bemerkenswerte Auswirkungen auf das Arbeitsvermögen in den Betrieben und dienen der Verbesserung der Leitungstätigkeit auf diesem Gebiet. Sie widerspiegeln sich in einer wachsenden Qualität der Leistungsmaßstäbe, in einer Arbeitsnormung, die zunehmend von den Werktätigen getragen wird, indem sie von der Erschließung der Leistungsreserven bis zur Ausarbeitung und Anwendung aktiv beteiligt sind.

Insbesondere ist notwendig, die Arbeitsnormung als Grundlage des Leistungsprinzips ständig weiterzuentwickeln und sie vor allem als Grundlage der Planung und der Organisation der Arbeit ständig zu vervollkommnen. Je besser diese Zusammenhänge beherrscht werden, um so konkreter werden die Arbeitskräftepläne sein, und die Initiativen der Arbeitskollektive werden besser auf die Ausarbeitung und Einführung von gesellschaftlich notwendigen Leistungsmaßstäben orientiert.

Im Zusammenhang mit der Übertragung von effektiven Arbeitsmethoden und -verfahren, hocheffektiven Technologien gewinnt die Einbeziehung der Zeitnormativarbeit in die betriebliche Planung an Bedeutung. Diese Möglichkeiten werden noch nicht umfassend genutzt. Damit verschenken wir noch wertvolle Erfahrungen vor allem für spangebende, spanabhebende Prozesse sowie für Montage- und Hilfsarbeiten.

Die exakte Leitung und Planung von Maßnahmen auf dem Gebiet des Arbeitsvermögens im Kombinat erfordern längere Zeithorizonte im Zusammenhang mit der Planung der Produktion, von Wissenschaft und Technik, der Erzeugnisse und Verfahren sowie der Organisation und damit für den Reproduktionsprozeß als Ganzes. Das umschließt die Anwenderbereiche der Erzeugnisse ebenso wie das Zusammenwirken mit den entsprechenden Organen des Territoriums.

Die Fragen des Arbeitsvermögens zum Bestandteil von langfristigen Entwicklungskonzeptionen der Kombinate und Betriebe zu machen erweist sich als ein sehr erfolgversprechender Weg.

S. Tannhäuser

Zu einigen Aufgaben der sozialistischen Betriebswirtschaftslehre bei der weiteren Festigung und Entwicklung der sozialistischen Kombinate

Nachdem die Konstituierung der Kombinate in der Industrie im wesentlichen abgeschlossen ist, und sie sich, wie von der Parteiführung mehrfach betont wurde, bewährt haben, sind nun große Anstrengungen notwendig, um ihre innere Gestaltung und ihre Funktionsweise im System der Leitung, Planung und Stimulierung weiter auszuprägen. Leitgedanke dabei sind die Worte Erich Honeckers auf der 11. Tagung des ZK: „Der wirtschaftliche Leistungsanstieg kann heute nicht mit den Mitteln und Methoden vom Anfang der siebziger Jahre organisiert werden."[1]

Damit ist nicht nur an die Wirtschaftspraktiker die Aufforderung ergangen, neue praktische Lösungen für die Arbeit der Kombinate und Kombinatsbetriebe zu finden und einzuführen, sondern gleichzeitig auch den Wirtschaftswissenschaftlern die Aufgabe gestellt, theoretischen Vorlauf für die weitere Wirtschaftsentwicklung zu schaffen.

Der Wissenschaftliche Rat für Fragen der sozialistischen Betriebswirtschaft hat seine Mitglieder und seine sechs Kommissionen auf die mit der Weiterentwicklung der Kombinate der Industrie verbundenen Probleme orientiert. Dabei sehen wir die Aufgaben in zweifacher Hinsicht. Einmal geht es um die pragmatisch begründete Orientierung, den Kombinaten bei der Lösung ihrer praktischen grundsätzlichen Entwicklungsaufgaben unmittelbare Hilfe zu geben; zum anderen geht es um die sorgfältige theoretische Durchdringung der neuen Erscheinungen und Probleme, um ihre Verallgemeinerung und die Weiterentwicklung des Theoriengebäudes der sozialistischen Betriebswirtschaftslehre. Ich möchte in meinem Beitrag auf folgende drei Probleme eingehen:

- Fragen des weitgehend geschlossenen Reproduktionsprozesses der Kombinate, inssondere des Eigenbaus von Rationalisierungsmitteln,
- Fragen des betriebswirtschaftlichen Kreislaufprozesses und
- Fragen der Planung und der wirtschaftlichen Rechnungsführung und ihrer Anpassungsfähigkeit an die Kombinate.

1. In vielen Fällen war die bisherige Bildung von Kombinaten ein bloßer Akt der Zentralisation, der Zusammenfassung verschiedener Betriebe unter einer einheitlichen Leitung. Der Prozeß der weiteren wirtschaftsorganisatorischen Gestaltung der Kombinate wird in zwei Richtungen weitergehen:

— Spezialisierung der Kombinatsbetriebe und damit Schaffung hocheffektiver Verflechtungssysteme der Hauptprozesse des Kombinates und

— Gewährleistung eines weitgehend geschlossenen Reproduktionsprozesses als Erfüllung von Aufgaben und Funktionen, die für den eigenen Reproduktionsprozeß spezifisch sind.

[1] Aus dem Bericht des Politbüros an die 11. Tagung des ZK der SED, Berichterstatter: Genosse Erich Honecker, Berlin 1979, S. 48.

Die Geschlossenheit des Reproduktionsprozesses bezieht sich auf die materiellen Leistungsprozesse, die den ökonomisch vorteilhaften reibungslosen Ablauf des Reproduktionsprozesses, insbesondere der Neuerungsprozesse gestatten. Geschlossenheit bedeutet dabei nicht Aufhebung der Vorteile der gesellschaftlichen Arbeitsteilung.

Für die neugebildeten Kombinate heißt das, bei ihren Betrieben bereits vorhandene Einrichtungen zu zentralisieren und zu entwickeln oder auch neue Einrichtungen aufzubauen. Dazu können Einheiten für Forschung und Entwicklung, Beschaffungseinrichtungen, Lagereinrichtungen, Kapazitäten für Generalreparaturen, Werkzeugbau, Rechenzentren, Eigenbau von Rationalisierungsmitteln, Bau- und Montagekapazitäten, Absatzeinrichtungen bis hin zu eigenen Außenhandelsbetrieben gehören. Die Gewährleistung eines weitgehend geschlossenen Reproduktionsprozesses ist eine außerordentlich komplexe Aufgabe, die auch bestimmte volkswirtschaftliche Bedingungen voraussetzt. Zum Eigenbau von Rationalisierungsmitteln, der in den Kombinaten der verschiedenen Industriezweige noch unterschiedlich entwickelt ist, möchte ich einige Erfahrungen darlegen: Der Eigenbau ist weder ein Lückenbüßer für ungenügendes Aufkommen in der Volkswirtschaft noch kann er durch Umbenennung sonst üblicher Aufgaben der Reparaturbereiche zu einem ungerechtfertigten statistischen Ausweis höherer Warenproduktion genutzt werden. Obwohl die Fragen des Eigenbaus von Rationalisierungsmitteln seit langem in der Diskussion sind, bleibt hier noch ideologische Arbeit zu leisten.

Manche Leiter verstehen nicht, den Mitarbeitern dieses Bereiches Aufgaben zu übertragen, die kurzfristig zu Erfolgen führen, so daß sich mitunter Vorbehalte bilden. Diskussionen mit Mitarbeitern des Rationalisierungsmittelbaus fortgeschrittener Kombinate haben gezeigt, daß nur hohe eigene Leistungen solche Vorbehalte endgültig überwinden. Aber es wurde auch deutlich, daß mehrere Jahre beharrlicher Arbeit notwendig sind, um überzeugende Erfolge im eigenen Rationalisierungsmittelbau zu erreichen.

Auf die Entwicklung des Eigenbaus von Rationalisierungsmitteln muß die Leitung des Kombinates aktiven Einfluß nehmen und neben dem Aufbau zentraler Kapazitäten auch eine sinnvolle Arbeitsteilung im Rahmen des Kombinates organisieren. Das gilt besonders dort, wo Erzeugnis- bzw. Arbeitsmittelsysteme weiterzuentwickeln sind. Im Kombinat Haushaltsgeräte konzentrieren sich z. B. die verschiedenen Betriebe auf bestimmte, für sie typische Grundoperationen, wie Montieren, Blechumformen, Emaillieren oder Schleifen und Polieren. Zentrale Einrichtungen sollten sich auf Operationen konzentrieren, die für eine größere Zahl von Betrieben des Kombinates bedeutungsvoll sind. Sofern keine Systemlösungen in größerem Rahmen nötig sind, kann man sagen: Je spezifischer notwendige Rationalisierungslösungen sind, desto näher sollten Konstruktion und Bau beim Anwender sein, weil die Anwendererfahrung noch wichtiger als die Produktionserfahrung wird.

Der Erfolg des Eigenbaus von Rationalisierungsmitteln und Sondermaschinen wird in hohem Maße von der Funktionsfähigkeit des Kooperationssystems zur Zulieferindustrie bestimmt. Diese Beziehungen unterliegen jedoch z. T. stärkeren Störungen. Für die Entwicklung und den Eigenbau von Transferstraßen für spezifische Zweige wurden z. B. in einem Kombinat von Konstruktionsbeginn bis Inbetriebnahme rund 18 Monate benötigt. Dem stehen jedoch Bestellfristen für Zulieferteile von 24 bis 30 Monaten entgegen.

Die auf dem Gebiet der Distribution der für den Rationalisierungsmittelbau notwendigen Zulieferungen bestehenden gesetzlichen Regelungen sind m. E. noch zu wenig geeignet, kurze Reaktionszeiten zuzulassen. Das System der Verteilung ist ständig aufwendiger geworden. Von der gesetzlich möglichen Bildung von Bilanzreserven wird nach vorliegenden Erfahrungen kaum Gebrauch gemacht.

Der Eigenbau von Rationalisierungsmitteln und die damit verbundene Weiterentwicklung der technischen Basis der Betriebe verlangt richtige Proportionen zwischen den verschiedenen betrieblichen Bereichen. In der chemischen Industrie stehen zum Beispiel des öfteren starken Forschungs- und Entwicklungskapazitäten nur schwach entwickelte Rationalisierungskapazitäten gegenüber, so daß die Realisierungswahrscheinlichkeit für die Forschungsergebnisse relativ gering ist. In anderen Fällen, vor allem der metallverarbeitenden Industrie, halten Hilfsprozesse, besonders die Instandhaltung und der Werkzeugbau, nicht mit der Weiterentwicklung der technischen Basis Schritt. Die Einrichtungen des Rationalisierungsmittelbaus sollten engen Erfahrungsaustausch mit dem Werkzeugmaschinenbau oder dem Apparatebau organisieren, um über die dort vorliegenden Ergebnisse und Konstruktionsunterlagen informiert zu sein und auch Konstruktionen miteinander vergleichen zu können.

Wie diese Erfahrungen zeigen, stellt die Gewährleistung eines weitgehend geschlossenen Reproduktionsprozesses nicht nur Anforderungen an das Kombinat, sondern ebenso auch an die Volkswirtschaft. Zu unseren eigenen Hauptproduktions- und Exportlinien der Volkswirtschaft müssen wir auch starke eigene Kapazitäten zur ständigen erweiterten Reproduktion der dazu notwendigen materiell-technischen Basis haben, so wie es beispielsweise in der Braunkohlenindustrie der Fall ist.

Das muß auch für andere führende Produktionszweige gelten, nicht nur, um Abhängigkeiten vom kapitalistischen Ausland zu verhindern, sondern auch, um aus der ständigen engen Zusammenarbeit zwischen Arbeitsmittelherstellern und -anwendern nachhaltige und dauerhafte Impulse für Rationalisierungen in beiden Bereichen zu erhalten. Hier liegen noch weitere Ansatzpunkte für die Verbesserung der volkswirtschaftlichen Proportionen als Bedingung für die stärkere Intensivierung in den Kombinaten und Betrieben.

Ich möchte damit herausstellen, daß die Funktionsfähigkeit des weitgehend geschlossenen Reproduktionsprozesses des Kombinates neben der Lösung zahlreicher betriebswirtschaftlicher Aufgaben immer auch an ein proportional gestaltetes System der gesellschaftlichen Arbeitsteilung und an eine optimale Struktur in der Volkswirtschaft und darüber hinaus im Rahmen der Länder des RGW gebunden ist.

2. Die Sicherung eines geschlossenen Reproduktionsprozesses und die dazu von Kombinat zu Kombinat gewählten unterschiedlichen Lösungen haben unter den Bedingungen der Ware-Geld-Beziehungen Konsequenzen für die konkreten Formen der ablaufenden Kreislaufprozesse der Fonds, und davon abgeleitet – ich möchte hier den in der Sowjetunion gebräuchlichen Begriff verwenden – für den Wirtschaftsmechanismus des Kombinates.

Als integrierender Bestandteil des Kombinates ist der Betrieb durch vielfältige Beziehungen mit anderen arbeitsteiligen Gliedern des Kombinates und mit der Kombinatsleitung verbunden. Das sind Ware-Geld-Beziehungen zu anderen Produktionsbetrieben des Kombinates sowie Beziehungen des Austausches von Leistungen mit zentralen Kombinatseinrichtungen, wie Forschungszentren, Projektierungseinrichtungen, zentrale Einrichtungen zum Bau von Rationalisierungsmitteln, Rechenzentren, zentrale Absatzorgane des Kombinates und andere. Außerdem bestehen Finanzbeziehungen. Die vom Betrieb an den Staatshaushalt abzuführenden Mittel fließen über die Kombinatsleitung, und der Generaldirektor des Kombinates hat bekanntlich das Recht zur Umverteilung von Finanzmitteln zwischen den Betrieben. Sollen dauerhafte und auch differenzierte Lösungen für die Gestaltung des Systems der Leitung, Planung und Stimulierung im Innern der Kombinate entwickelt werden, so müssen, ausgehend von den objektiven Prozessen, die Kreislaufprozesse der Fonds näher erforscht werden. Sie kommen durch den entgegengesetzten Fluß der Güter- und Geldströme zustande, sind also nicht allein mit Verflechtungsbeziehungen identisch, sondern stets an die Geldkategorien gebunden. Mit der Bildung des Kombinates, seiner Arbeit nach der wirtschaftlichen Rechnungsführung und der Ausgestaltung des Entscheidungsfeldes des Generaldirektors ist ein Kreislaufprozeß für das Kombinat als Ganzes wirksam geworden. Für die nach der wirtschaftlichen Rechnungsführung arbeitenden Kombinatsbetriebe vollziehen die produktiven Fonds und mit ihnen sämtliche vorzuschießenden Mittel im Rahmen des Gesamtkombinates einen – wenn auch modifizierten – eigenständigen Kreislauf. Für Betriebsteile und Produktionsstätten ist dagegen das Fehlen eines eigenen Fondskreislaufes typisch. Der Wert ihrer Ressourcen zirkuliert als integrierter Bestandteil des Kreislaufes des Kombinatsbetriebes. Die nähere Erforschung der Kreislaufprozesse des Kombinates ist eine wichtige betriebswirtschaftliche Aufgabe. Sie gewinnt vor allem im Hinblick auf die aktive Nutzung der Geldkategorien zur Intensivierung und Optimierung materieller Prozesse durch die Kombinatsleitung an Bedeutung.

Aber die Kreislaufproblematik ist noch diffiziler. Innerhalb eines betrieblichen Fondskreislaufes bestehen Teil- oder Subkreisläufe für die einzelnen vom Betrieb zu schaffenden bzw. einzusetzenden Ressourcen. So muß der Betrieb z. B. für die Zwecke von Forschung und Entwicklung Mittel vorschießen. Diese Mittel gewährleisten die notwendigen Voraussetzungen für die Durchführung bestimmter Leistungsprozesse, die ihrerseits zu bestimmten Resultaten führen sollen. Tatsache ist, daß diese Resultate des öfteren nicht bewertet oder, soweit sie ein negatives Ergebnis verkörpern, mitunter einfach wieder ausgebucht werden.

Wie für Forschung und Entwicklung, lassen sich für Geldmittel Subkreislaufprozesse ableiten und auch für die Reproduktion der Arbeitskraft. Die nähere Erforschung der Subkreisläufe führt, am Beispiel der Forschungsmittel erläutert, zu praktischen Konsequenzen:

Es wird die Möglichkeit eröffnet, die Effektivität eines ganzen betrieblichen Bereiches zu ermitteln und zielgerichtet zu beeinflussen.

Damit werden neue Wege zur Gestaltung der innerbetrieblichen wirtschaftlichen Rechnungsführung erschlossen, die nur auf der Basis bereichsbezogener Effektivitätsbestimmung erschlossen werden können.

Betriebswirtschaftlich geht es nicht nur darum, im Geld Prozesse widerzuspiegeln oder Aufwendungen zu messen, sondern es geht um die Nutzung der Geldkategorien zur aktiven Beeinflussung der Verhaltensweisen der Werktätigen und damit zur Intensivierung materieller Prozesse.

3. Die wirtschaftliche Rechnungsführung des Kombinates und seiner Betriebe ist dem zentralen staatlichen Plan untergeordnet. Der Plan und das System der Bilanzierung müssen so gestaltet sein, daß den Kombinaten bei Wahrung volkswirtschaftlicher Proportionalität eine möglichst große Eigenverantwortung zugestanden werden kann, damit sie schnelle und wenig aufwendige Anpassungen vollziehen können. Die beim Eigenbau von Rationalisierungsmitteln angeführten Erfahrungen in der Kooperation mit Zulieferbetrieben zeigten, wie notwendig es ist, hohe Anpassungsfähigkeit der Kombinate zu gewährleisten. Die hohe Dynamik in Wissenschaft und Technik, die notwendige

Beweglichkeit im Export und bei der bedarfsgerechten Versorgung der Bevölkerung mit Konsumgütern, aber auch neue wirtschaftspolitische und soziale Zielstellungen verlangen hohe Elastizität der Betriebe bei der Anpassung ihrer Ressourcen an neue Erfordernisse und Ziele. Das kann nur über das optimale Verhältnis zwischen zentralem Plan und wirtschaftlicher Rechnungsführung gesichert werden.

Wirtschaftliche Rechnungsführung der Kombinate und Kombinatsbetriebe erschöpft sich also nicht nur darin, daß wir mit Hilfe des Geldes Gewinn oder Verlust feststellen, sondern eine entscheidende Frage sehe ich darin, daß im Rahmen des Planes durch die Wirksamkeit der Geldkategorien solche ökonomisch relevanten Verhaltensweisen der Werktätigen und der Betriebe ausgelöst werden, die höchstmögliche Bedürfnisbefriedigung bei höchster Effektivität, also geringsten Ressourcenverbrauch je Gebrauchswerteinheit, gewährleisten. Dazu sind meines Erachtens drei Bedingungen zu erfüllen.

1. Das ökonomische Verhalten des wirtschaftlichen Subjekts (Kombinat, Betrieb, Kollektiv, Individuum) muß plandeterminiert und ökonomisch risikobehaftet sein. Werden sogenannte Planpräzisierungen zur allgemeinen Methode, wird auch die materielle Stimulierung wirkungslos.

2. Das wirtschaftliche Subjekt muß mit einer den volkswirtschaftlichen Erfordernissen entsprechenden weitgehenden Eigenverantwortung ausgestattet sein.

3. Die in Abhängigkeit vom wirtschaftlichen Resultat zugestandene Verfügung über Geldmittel muß dadurch wirtschaftlich real wirksam werden, daß die Geldmittel nach der Entscheidung des wirtschaftlichen Subjekts im Rahmen des Planes materiell realisiert werden können. Der Betrieb muß sich für das ihm zugestandene Geld etwas kaufen können, sonst wird sein ökonomisches Interesse an hohem Gewinn beeinträchtigt.

Das sind ganz allgemeine Bedingungen wirtschaftlich relevanten Verhaltens, die sowohl bei der näheren Ausgestaltung der Kombinate und der Kombinatsbetriebe, als auch bei der weiteren Vervollkommnung der innerbetrieblichen wirtschaftlichen Rechnungsführung berücksichtigt werden müssen.

Hinzu kommt, daß die juristische Wirksamkeit der materiellen Verantwortlichkeit von der Übereinstimmung der materiellen und finanziellen Fonds abhängt. Nur unter dieser Voraussetzung kann die Gewährung eines Geldersatzes zum Gebrauchswertersatz führen, worauf es dem Betrieb ja ankommt.

Mir scheint aus diesen Gründen, daß der Ansatzpunkt zur höheren Wirksamkeit der wirtschaftlichen Rechnungsführung in den Kombinaten und Kombinatsbetrieben nicht vorrangig darin bestehen kann, diesen oder jenen Prozentsatz von Zuführungsbedingungen zu Fonds oder der anzuwendenden Sanktionen zu variieren, sondern das Hauptproblem darin liegt, finanzielle und materielle Fonds in der Volkswirtschaft in Übereinstimmung zu bringen und wirkliche Bedarfsdeckung zu gewährleisten. Damit sind volkswirtschaftliche wie betriebswirtschaftliche Probleme verbunden.

Die betriebswirtschaftliche Problematik besteht darin, in der Planung und Leitung unbedingte Konzentration auf die volle Deckung des Bedarfes zu gewährleisten. Obwohl die Untersuchungen über diese betriebswirtschaftlichen Grundsituationen erst im Anfang stecken, zeigt sich jedoch eindeutig, daß der sonst gleiche Betrieb in diesen Situationen völlig unterschiedliches wirtschaftliches Verhalten zeigt.

In der Nachfragesituation unterliegt der Betrieb m. E. noch keinem hinreichenden objektiven ökonomischen Zwang, seine Erzeugnisse weiterzuentwickeln und die Selbstkosten zu senken sowie eine optimale Bestandswirtschaft zu betreiben.

Muß dagegen ein Betrieb in der Angebotssituation darum kämpfen, seine Erzeugnisse überhaupt in der gewünschten Menge absetzen zu können, so unterliegt er dem objektiven ökonomischen Zwang, seine Erzeugnisse weiterzuentwickeln, die Selbstkosten senken zu müssen und eventuell den Absatz durch Senkung des Preises zu vergrößern.

Die Anpassungsprobleme zwischen den Betrieben und die Anpassungsvorgänge innerhalb der Betriebe sind zwar von den Mitteln und angewandten Methoden her unterschiedlich, da aber für innerbetriebliche Veränderungen fast immer auch Beziehungen zu anderen Betrieben – beispielsweise zur Beschaffung der dafür erforderlichen Ressourcen – notwendig sind, wird die Funktionsfähigkeit der zwischenbetrieblichen Ware-Geld-Beziehungen auch zur notwendigen Bedingung der Funktionsfähigkeit innerbetrieblicher Anpassungen.

Die betriebswirtschaftliche Forschung wird sich also im Zusammenhang mit der weiteren Festigung und Entwicklung der sozialistischen Kombinate verstärkt den betriebswirtschaftlichen Anpassungsproblemen zuwenden müssen. Daß hier verhaltenswissenschaftliche, also auch psychologische Erkenntnisse eine gewisse Bedeutung erlangen werden, versteht sich von selbst.

Aber es ist auch selbstverständlich, daß sich in diesen Untersuchungen allein nicht etwa die weitere betriebswirtschaftliche Arbeit erschöpfen kann. Die Palette der Aufgaben ist außerordentlich breit. Sie reicht von den praktischen Organisations- und Analysearbeiten, die zum Teil mit sehr gutem Erfolg interdisziplinär, vor allem mit Naturwissenschaftlern und Technikern durchgeführt werden, bis zu den methodologisch-pädagogischen Aufgaben zur weiteren Bearbeitung der betriebswirtschaftlichen Lehrbücher.

E. Klopfleisch

Erfahrungen bei der Leitung und Planung von Wissenschaft und Technik, insbesondere der Beherrschung komplexer Neuerungsprozesse im Kombinat

Genosse Günter Mittag hat auf der 11. Tagung des Zentralkomitees der SED zu den objektiven ökonomischen Erfordernissen, zur Nutzung der objektiven Gesetze – wie sie in der Marxschen Werttheorie formuliert sind – gesprochen und gesagt: „Wo ein hoher Gebrauchswert vorhanden ist, wo wir eine hohe, überdurchschnittliche Qualität erreichen, dort werden wir den neu geschaffenen Wert realisieren, und dort werden wir auch, wo es möglich ist, insbesondere auf den Außenmärkten, einen dementsprechenden Erlös erzielen, damit unsere volkswirtschaftliche Gesamtbilanz besser aufgeht."[1]

Die ökonomischen Ergebnisse im Kombinat Umformtechnik, „Herbert Warnke", Erfurt, bestätigen diese Aussage.

Im Zeitraum seit 1970 realisierten die 19 Betriebe des Kombinates durchschnittliche jährliche Wachstumsraten in der Produktion von 11,2%, in der Arbeitsproduktivität von 8,4% und im Gewinn von 16% bei einem Anteil des Exportes an der Maschinenproduktion von mehr als 90%.

Im Ergebnis des langfristig geplanten konzentrierten Einsatzes unseres wissenschaftlich-technischen Potentials auf die Entwicklung der Haupterzeugnisse und die rationelle Gestaltung ausgewählter Prozeßabläufe in kontinuitätsbestimmenden Teilkapazitäten der Kombinatsbetriebe wurde innerhalb von etwa 8 Jahren ein qualitativer Wandel des Erzeugnissortiments und der Übergang zur Anwendung neuartiger Technologien und Organisationsformen ganzer Prozeßstufen mit hoher Effektivität vollzogen. Eine wichtige Voraussetzung für die Beschleunigung dieses Prozesses und seine Effektivität war die ständige Erhöhung des Niveaus der Leitung und Planung insbesondere in Wissenschaft und Technik.

Das Kombinat ist seit Jahren bemüht, das Leitungs- und Planungssystem objekt- und prozeßbezogener zu gestalten, die qualitativen Faktoren der Produktion plan- und abrechenbar zu erfassen und die technisch-ökonomischen Kennziffern zu diesen Faktoren – entsprechend ihrer Beeinflußbarkeit – den Leitern und ihren Kollektiven zuzuordnen. Dadurch ist es möglich geworden, die eigenständige Planung und die analytische Arbeit mit objekt- und prozeßbezogenen technisch-ökonomischen Kennziffern besonders in den Bereichen Forschung und Entwicklung, Rationalisierung und Technologie sowie Organisation und Verkauf zu entwickeln und neue Maßstäbe für die eigene Arbeit zu setzen sowie Reserven besser zu erschließen.

Mit dem in den vergangenen Jahren vollzogenen Neuerungsprozeß stiegen die Gebrauchswerte der Erzeugnisgeneration der 70er Jahre auf 160% bis 200%. Der Fertigungszeitaufwand konnte auf weniger als 50% je Mio Mark Warenproduktion gegen-

[1] G. Mittag, Mit politischem Kampfgeist für eine höhere Effektivität, in: 11. Tagung des ZK der SED, 13./14. Dezember 1979, Berlin 1979, S. 140.

über 1970 gesenkt und damit der Gewinn je Mio Mark Warenproduktion um 55 bis 60% erhöht werden. Das dynamische Wachstum der Leistungskraft unserer Kombinatsbetriebe versetzt uns in die Lage, die Staatlichen Auflagen des Kombinates zum Fünfjahrplan 1976 bis 1980 mit kumulativ rund 100 Mio Mark mehr industrieller Warenproduktion bei Unterschreitung des Arbeitskräfteplanes um ca. 900 Arbeitskräfte und einer Nichtinanspruchnahme von etwa 40 Mio M Investitionen zu sichern.

Der Produktionszuwachs bei der vorhandenen Sortimentsbreite von 70 Grundtypen, 160 Baugrößen und etwa 1000 Erzeugnisvarianten in Einzel- und Kleinserienfertigung kommt aus folgenden Wachstumsquellen: zu 15 bis 20% aus der ökonomischen Verwertung wissenschaftlich-technischer Leistungen auf dem Gebiete der Erzeugnisentwicklung; zu 70 bis 75% aus der Effektivität komplexer Rationalisierungslösungen in Verbindung mit der Grundfondserneuerung, der Anwendung neuer Technologien und neuentwickelter Formen der Produktionsorganisation und zu etwa 10% aus der rationelleren Nutzung des Arbeitsvermögens und anderem.

Aus der Sicht unserer heutigen Erkenntnisse über die künftigen Erfordernisse des Marktes, des fortschreitenden Weltstandes in unserer Branche und der sich verändernden Reproduktionsbedingungen in unserer Volkswirtschaft werden sich diese Anteile der Wachstumsquellen zur Leistungsentwicklung des Kombinates in den 80er Jahren bedeutend verändern. Der Leistungsbeitrag aus Forschung und Entwicklung am Wachstum der Produktivität und Effektivität im Kombinat muß weiter steigen. Aus der ökonomischen Verwertung wissenschaftlich-technischer Leistungen auf dem Gebiet der Erzeugnisentwicklung wird ein Anteil von 30 bis 40% am Produktivitätszuwachs erwartet. Der Anspruch an die technisch-ökonomischen Parameter neu- und weiterentwickelter Erzeugnisse, an ihren Gebrauchswert, der auf 160 bis 230% steigen muß, und an den spezifischen Aufwand an Zeit, Material, Energie und Kosten, der um 6% bis 15% sinken muß, wird bedeutend größer werden.

Nach unseren Berechnungen benötigen wir für diesen Beitrag der Erzeugnisentwicklung am Leistungsanstieg eine jährliche Neuerungsrate von ca. 10 bis 12%. Der technische Neuheitsgehalt für die Neuerungsrate in diesen Dimensionen kann aber nicht durch die herkömmliche Maschinenkonstruktion allein realisiert werden, sondern muß vor allem auch durch breite Anwendung der Mikroelektronik, kombiniert mit einer neuen Generation Automatisierungstechnik, geschaffen werden. Solche komplexen Neuerungsprozesse verlangen eine hohe Qualität der langfristig planenden Arbeit.

Bei einem Spezialisierungsgrad von 70% und den mit langfristigen Handelsabkommen gesicherten Exportlinien über hohe Volumenanteile der Warenproduktion ist es dem Kombinat möglich, das künftige Produktionsprogramm für jeden Betrieb bedarfsgerecht über 5 bis 7 Jahre mit ausreichender Genauigkeit für die ökonomisch orientierte konzeptionelle wissenschaftlich-technische Führungsarbeit zu bestimmen und, davon ausgehend, langfristige Intensivierungsprogramme mit den dazu notwendigen Führungsdokumenten auszuarbeiten.

Auf der Grundlage dieser Dokumente orientieren wir die Initiativen unserer Werktätigen in den Bereichen der Produktionsvorbereitung und in der materiellen Produktion auf die planmäßige Ausnutzung der qualitativen Faktoren des Wirtschaftswachstums, auf die produktivitäts- und effektivitätsbestimmenden Faktoren des Reproduktionsprozesses.

Mit einem Planungsvorlauf von 5 bis 8 Jahren leiten wir technisch-ökonomische Aufgaben und abrechenbare Ziele für die Erzeugnisentwicklung und die sozialistische Rationalisierung ganzer Prozeßstufen in Verbindung mit der Anwendung neuer Technologien und dem effektiven Einsatz der verfügbaren Investmittel ab und legen dazu die Verantwortung der Leiter und ihrer Kollektive sowie die ökonomische Stimulierung für die erfolgreiche Lösung der Aufgaben fest.

Die Quantifizierung der Wachstumsfaktoren aus den Ergebnissen von Wissenschaft und Technik ist der entscheidende Kern einer langfristigen, den wirtschaftspolitischen Zielsetzungen entsprechenden Planung der Intensivierung des Reproduktionsprozesses im Kombinat. Für die Quantifizierung der wissenschaftlich-technischen Leistungen gibt es im Kombinat ein methodisches Material, welches aussagt, wie die Wachstumswirkung der einzelnen Maßnahmen errechnet wird (z. B. bei neu- und weiterentwickelten Erzeugnissen: aus der Verringerung des Zeitaufwandes je Mio M industrielle Warenproduktion im Verhältnis zu dem abzulösenden Erzeugnis, dem Vergleichserzeugnis oder dem durchschnittlichen Erzeugnisaufwand des Erzeugnissortimentes im Einführungsjahr).

In einem Erzeugnisentwicklungskatalog sind die Rang- und Reihenfolge der Forschungs- und Entwicklungsaufgaben, die qualitativen Anforderungen an neu- und weiterzuentwickelnde Erzeugnisse, der künftige Einsatz der Forschungs- und Entwicklungskapazitäten über einen Zeitraum von 8 bis 10 Jahren festgelegt. Bei der Arbeit mit dem Erzeugnisentwicklungskatalog stützen wir uns auf die enge Zusammenarbeit mit den Hauptanwendern unserer Erzeugnisse, auf eigenständige Grundlagenforschung auf den Gebieten der Umformtechnologie und der Baugruppenkonstruktion sowie auf ein umfassendes Studium des internationalen Weltstandes der führenden Konkurrenz.

An neuzuentwickelnde Erzeugnisse stellen wir folgende Grundforderungen:

— Der Gebrauchswert neu- und weiterentwickelter Erzeugnisse muß schneller wachsen als der durch den höheren Gebrauchswert gerechtfertigte neue Inlandpreis. Der höhere Gebrauchswert muß dem Bedarf entsprechen und auf den Außenmärkten durch günstigere Exportpreise anerkannt werden, so daß die ökonomische Verwertung der wissenschaftlich-technischen Vorleistungen gesichert wird.

— Der spezifische Zeitaufwand für die Herstellung neuer Erzeugnisse muß gegenüber den des abzulösenden Erzeugnisses, gemessen in Normstunden je Mio Mark Warenproduktion, um mindestens 10% sinken.

— Der spezifische Materialeinsatz für das neue Erzeugnis muß gegenüber dem abzulösenden Erzeugnis um mindestens 20% und bei volkswirtschaftlich entscheidenden Materialarten bis zu 40% verringert werden.

— Der Aufwand an Forschungs- und Entwicklungskapazität, gemessen an Konstruktionsstunden, für neuzuentwickelnde Erzeugnisse muß durch Rationalisierung der Routinearbeiten gesenkt, die Fristen für die Überleitung solcher Erzeugnisse in die Serienfertigung spürbar reduziert und das Überleitungsvolumen erheblich erhöht werden.

Bei der Auslösung von Entwicklungsaufträgen werden die im Erzeugnisentwicklungskatalog enthaltenen konkreten technisch-ökonomischen Forderungen an neu- bzw. weiterzuentwickelnde Erzeugnisse mit abrechenbaren Limiten im Pflichtenheft festgelegt.

An Rationalisierungslösungen und neue Technologien stellen wir in Einheit zu den neuen Erzeugnissen die Grundforderung, daß der spezifische Fertigungszeitaufwand pro Jahr um 6 bis 8% sinkt, Investitionen stufenweise produktionswirksam und kurzfristig realisiert werden und der Rückfluß eingesetzter Investitionsmittel innerhalb von 2 bis 5 Jahren gesichert wird.

Von diesen gesamten Anforderungen ausgehend, sind die Zielkriterien und Prämissen für die Ausarbeitung der langfristigen Intensivierungskonzeption in unserem Kombinat bestimmt. Fester Bestandteil des langfristigen Intensivierungsprogramms sind: der Katalog der Erzeugnisentwicklung über 8–10 Jahre; die marktorientierte Absatzkonzeption zur Deckung des qualitativen und quantitativen Anwenderbedarfs; das Produktionsprogramm über 5 bis 7 Jahre und davon abgeleitete Erfordernisse für das jährliche Wachstum an Produktion, Export, Arbeitsproduktivität und die Effektivität sowie die langfristige Kapazitätsbilanz.

Die langfristige Kapazitätsbilanz hat im Kombinat einen zentralen Platz im Prozeß der konzeptionellen wissenschaftlich-technischen Führungsarbeit. Diese Bilanz sichert mit einem Vorlauf von 4 bis 6 Jahren die Möglichkeit exakter Planung der notwendigen Wachstumsfaktoren und Wachstumsgrößen zu den jährlichen Wachstumsraten bei Produktion, Arbeitsproduktivität und Effektivität. Sie ist das Fundament für Entscheidungen zu komplexen Rationalisierungslösungen in Einheit mit dem effektivsten Einsatz verfügbarer Investitionen für ausgewählte Betriebe, Prozeßstufen und Arten der Arbeit. Sie ist Voraussetzung für die Berechnung der Zielgrößen und Wirkungsjahre zu wissenschaftlich-technischen Leistungen und zur immer besseren Ausnutzung des Arbeitsvermögens. Sie vermittelt weiter den Trend zu Bildungskonsequenzen und Führungsgrößen für die Berufsbildung.

Die langfristige Kapazitätsbilanz wird jährlich als Grobbilanz überarbeitet, und es wird daraus die Feinbilanz für das Folgejahr entwickelt. Die Arbeit mit der langfristigen Kapazitätsbilanz fördert die Herausbildung eines eigenen Standpunktes der Leiter zu den künftig erforderlichen Wachstumsraten an Produktivität und Effektivität, zur planmäßigen Ausnutzung der Wachstumsquellen sowie zur Beeinflussung der Wachstumsfaktoren. Sie fördert deren Initiative zu Entscheidungen über die Beschleunigung des wissenschaftlich-technischen Fortschritts, die Erhöhung des Wirkungsgrades der wissenschaftlich-technischen Arbeit und zur effektiveren Nutzung des Arbeitsvermögens.

Bei der Entwicklung der neuen Erzeugnisgeneration geht es um einen komplexen Erneuerungsprozeß, der in Einheit von Erzeugnis, Technologie und Produktionsorganisation mit der Grundorientierung auf Spitzenleistungen in allen drei Gebieten zugleich vollzogen wird. Solche Komplexität ist erforderlich, weil mit dem auf etwa 200% steigenden Gebrauchswert und mit der überdurchschnittlichen Qualität der neuen Erzeugnisse die Reduzierung des Herstelleraufwandes einhergehen muß, damit der neu geschaffene Wert realisiert und auf den Außenmärkten ein dementsprechender Erlös erreicht werden kann.

Die überdurchschnittlich hohen Wachstumsraten bei Produktivität und Effektivität in den 80er Jahren erfordern eine Senkung des erreichten Fertigungszeitaufwandes je Mio Mark Warenproduktion um 25–30% bis 1985. Das entspricht einer durchschnittlichen jährlichen Senkung des normativen Zeitaufwandes bis zu 8%. Diesem Erfordernis entspricht die Grundrichtung unserer auf Zeitvorlauf orientierten Gestaltung der materiell-technischen Basis der Produktion.

Wir haben uns mit dieser Politik solchen neuartigen technologischen und organisatorischen Problemlösungen zugewandt, wie

– der mechanischen Fertigung großer prismatischer Maschinenbauteile mit einer Masse bis 26 t auf dem in sozialistischer Gemeinschaftsarbeit mit den Skoda-Werken Plzen entwickelten teilautomatisierten Bearbeitungszentrum Skoda PC 3. Einsparungen: 240 TNh Fertigungszeit in 3 Jahren, 41 Arbeitskräfte, 8 konventionelle Großbearbeitungsmaschinen und 1 Mio Mark Investmittel;

– der mechanischen Fertigung rotationssymmetrischer Einbauteile mit maximalen Abmessungen d = 550 mm und l = 1200 mm in einem integrierten Fertigungsabschnitt mit 60 Werkzeugmaschinen, darunter 14 numerisch gesteuerte Maschinen, und moderner Hochregeltechnik mit 360 Speicherplätzen. Einsparungen: 40 TNh Fertigungszeit, 31 Arbeitskräfe, 14 konventionelle Werkzeugmaschinen und 3,4 Mio Investmittel;

– die komplexe Lösung zur rechnergestützten Produktionsorganisation im Schweißkörperbau, mit dem Ziel der optimalen Steuerung des Durchlaufs bei der Bearbeitung von etwa 250 000 Einzelteilen und daraus resultierenden 2500 Schweißbaugruppen pro Jahr. Effekt aus Optimierung: 4 bis 6% Steigerung der Arbeitsproduktivität und Erhöhung der Effektivität.

Mit solchen technologischen und organisatorischen Problemlösungen sind Modelle für die Rationalisierung ganzer Prozeßabläufe – anwendbar in Maschinenbaubetrieben mit nichttypischer Serienfertigung – geschaffen worden, die in den 80er Jahren auf die Betriebe unseres und anderer Kombinate übertragen werden und die als Lizenz auf dem Außenmarkt angeboten werden.

Im Kampf um Spitzenleistungen in Einheit von Erzeugnis, Technologie und Organisation haben wir großen Wert auf die enge Zusammenarbeit zwischen den verschiedenen wissenschaftlich-technischen Disziplinen des eigenen Potentials, auf die komplexe Leitung dieses Prozesses und auf die Vertiefung der Wissenschaftskooperation mit Forschungseinrichtungen der DDR, der UdSSR, und mit der Akademie der Wissenschaften der Ungarischen Volksrepublik gelegt.

Ein Ausdruck enger Zusammenarbeit der Konstrukteure und Technologen des Stammbetriebes ist die gemeinsame Ausarbeitung eines technologischen Anforderungsbildes an neuzuentwickelnde Erzeugnisse. Damit ist eine Arbeitsrichtlinie für Konstruktionsarbeiten geschaffen worden, die sich bei der neuen Generation Zweiständerkurbelpressen und der neuen Automatisierungstechnik bewährt. Die entwickelten Konstruktionslösungen sind fertigungsgerechter gestaltet und auf die volle Nutzbarkeit der projektierten Leistungsfähigkeit unserer neuartigen technologischen und organisatorischen Problemlösungen orientiert. Dadurch ist gesichert, daß der komplexe Neuerungsprozeß mit hoher Produktivität und Effektivität wirksam werden kann und der Leistungszuwachs nach den neuen Maßstäben im Sinne eines Rationalisierungsschubs beschleunigt wird.

Abschließend noch eine Bemerkung zu unseren Erfahrungen der besseren Nutzung unseres wissenschaftlich-technischen Potentials. Im Kampf um höheres Tempo bei der Entwicklung neuer Erzeugnisse, Technologien und Organisationsformen bis hin zu ihrer ökonomischen Verwertung haben sich bei uns abrechenbare Arbeitsaufträge für Einzelpersonen und Kollektive in den wissenschaftlich-technischen Bereichen bewährt. Diese Arbeitsaufträge legen im Komplex von Forschung und Entwicklung, über die technische Produktionsvorbereitung, die materielle Produktion bis zum Absatz folgendes fest: das konkrete wissenschaftlich-technische Objekt; die Arbeitsetappen und Leistungsanteile bis zur vollen Produktionswirksamkeit; die charakteristischen technisch-ökonomischen Parameter; die zu erreichenden ökonomischen Effekte und die materielle Stimulierung bei Erfüllung und Überbietung der Aufgabe.

Wir schätzen ein, daß solche Arbeitsaufträge eine hohe moralische Wirkung haben und – in Kombination mit der materiellen Stimulierung – den Arbeitselan, besonders unserer schöpferisch arbeitenden Kräfte in Konstruktion und Technologie, gefördert haben. Das zeigt sich am wissenschaftlichen Gehalt der Entwicklungslösungen, an der rasch steigenden Anzahl der Patente zu diesen Lösungen und an der bedeutenden Verkürzung der Entwicklungs- und Überleitungszeiten neuer Erzeugnisse, Technologien und Organisationslösungen.

Wir sind der Auffassung, daß ein solcher Weg im Kampf um Spitzenleistungen objektiv zumindest solange notwendig ist, bis der Ausbau des wissenschaftlich-technischen Potentials und die Veränderung seiner Struktur zugunsten des Anteils der schöpferisch arbeitenden Kräfte den Stand der führenden Konkurrenz übertroffen hat.

An einer solchen Entwicklung arbeiten wir mit aller Konsequenz, dafür schaffen wir uns mit der Verbesserung des Aufwand-Erlös-Verhältnisses über wissenschaftlich-technische Leistungen auch die Voraussetzungen für die Erwirtschaftung eines größeren Volumens an Mitteln für Wissenschaft und Technik neben den wachsenden Gewinnabführungen an den Staatshaushalt.

G. Pflicke

Zu einigen Konsequenzen aus der Bildung und Entwicklung großer Industriekombinate für die Wirtschaftsgesetzgebung

Die tiefgreifende Veränderung der Wirtschaftsorganisation und Leitung in Industrie und Bauwesen durch die Bildung und Entwicklung der Kombinate stellt große Anforderungen auch an die Wirtschaftsgesetzgebung wie an die Rechtsverwirklichung. In diesem Diskussionsbeitrag kann nicht der Versuch gemacht werden, sie im Überblick darzustellen, vielmehr soll ein Problem angesprochen werden, dessen Existenz uns bewußt sein sollte, damit in Theorie und Praxis die erforderlichen Überlegungen zu seiner Bewältigung ausgelöst werden.

Prof. Dr. Friedrich und einige Diskussionsredner haben eindringlich charakterisiert, daß und wie mit der Bildung und Entwicklung der Kombinate ein längerer Prozeß eingeleitet ist, in dem sich die Kombinate als Ausdruck der weiteren „tatsächlichen Vergesellschaftung" im Leninschen Sinne zu einem sozialökonomischen Organismus neuer Qualität entwickeln werden. Dabei gilt es, einerseits die einheitliche Leitung eines geschlossenen Reproduktionsprozesses zu realisieren, den Kombinatseffekt richtig zu nutzen, andererseits gleichzeitig die relative wirtschaftliche Selbständigkeit der Kombinatsbetriebe zu beachten. Daraus resultiert das Problem für die Wirtschaftsgesetzgebung, dieser Dialektik so Rechnung zu tragen, daß der in seiner Allgemeinverbindlichkeit begründete Vorzug des Rechts im Ensemble der Mittel staatlicher Wirtschaftsleitung voll wirksam werden kann und die Regelung zugleich die Reaktion auf die im einzelnen differenzierten und sich entwickelnden Bedingungen ermöglicht. Dies ist komplizierter, als es auf den ersten Blick scheinen mag. Das Recht wirkt bei der Durchsetzung der gesellschaftlichen Erfordernisse spezifisch mittels der Allgemeinverbindlichkeit der Rechtsnormen, mit denen ein anspruchsvoller allgemeiner gesellschaftlicher Maßstab unausweichlich gemacht wird und in entsprechenden Rechten und Pflichten seinen Ausdruck findet. Die Rechtsnormen sind unerläßliche Grundlage, Orientierung, Rahmen und Begrenzung und – aus der Sicht der Adressaten – zugleich auch notwendige Voraussetzung für die darauf beruhende eigenverantwortliche Gestaltung der jeweils erfaßten gesellschaftlichen Verhältnisse.

Durch die Kombinatsbildung sind wir zunächst mit organisationsrechtlichen Fragen konfrontiert, da sich durch die Bildung der Kombinate die Subjektstruktur des Wirtschaftsrechts wesentlich verändert hat und das Kombinat als einheitliche Form der großen Wirtschaftseinheiten in Industrie und Bauwesen der DDR rechtlich zu regeln ist.

Organisationsrechtlich bedarf es einerseits der allgemeinverbindlichen Regelung der die weitere Entwicklung fördernden rechtlichen Organisationsform, d. h. der jeweiligen Art von Wirtschaftsrechtssubjekten – hier der Kombinate und ihrer Betriebe –, und einer größeren Zahl staatlicher Einzelentscheidungen, mit denen der Wirtschaftsorganismus konkret nach diesen Organisationsformen strukturiert wird, z. B. durch die Bildung von Kombinaten unter gleichzeitiger Einordnung von Betrieben und

Auflösung von VVB und durch die Entscheidungen über die Strukturierung des einzelnen Kombinats in Kombinatsbetriebe.

Der Bildung neuer und der Erweiterung bestehender Kombinate in den letzten beiden Jahren ist keine gesetzliche Neuregelung der Kombinate vorausgegangen. Diese erfolgte – unter Auswertung bereits gewonnener Erfahrungen – gegen Ende dieses Prozesses mit der Verordnung über die volkseigenen Kombinate, Kombinatsbetriebe und volkseigenen Betriebe vom 8. November 1979 (GBl. I, S. 355 – im folgenden Kombinats-VO). Das macht nicht nur das Tempo deutlich, in dem sich die Veränderung vollzog, sondern auch, daß einerseits die Regelung der Kombinate, wie sie in der VEB/VVB-Verordnung von 1973 enthalten war, für diese Schritte noch ausreichend Raum bot – was auch ein Ausdruck der Kontinuität ist – und andererseits, daß es einer Neuregelung bedurfte vor allem für die Entfaltung der Tätigkeit der Kombinate, der vollen Wahrnehmung ihrer Verantwortung in einem längeren Prozeß.

Da neue Wege in bisher nicht bekannter Größenordnung beschritten werden, wägt auch die neue Verordnung sorgfältig ab, wo genügend Voraussetzungen und Erfahrungen für allgemeine, für alle Kombinate gleichermaßen verbindliche Regelungen bestehen und wo wegen des noch in Gang befindlichen Prozesses der Ausprägung der Tätigkeit dieser Kombinate Zurückhaltung am Platz ist, um auf künftig hervortretende Bedingungen reagieren zu können. Wegen der differenzierten Reproduktionsbedingungen und des unterschiedlichen Entwicklungsstandes ist ein entsprechend ausfüllbarer Rahmen mit Mindestanforderungen als zweckmäßig angesehen worden, verbunden mit der Berechtigung des Generaldirektors, eine den spezifischen Bedingungen entsprechende Regelung vorzunehmen. Das gilt z. B. für die Änderung von Funktionen und Aufgaben von Kombinatsbetrieben im Prozeß der weiteren engen Verbindung von Wissenschaft und Technik mit der Produktion oder zur weiteren Spezialisierung, Konzentration und Kooperation im Kombinat, und das gilt auch für die Entscheidung über die zentralisierte Wahrnehmung bestimmter Funktionen auf dem Gebiete der Forschung und Entwicklung, der Investition oder anderen ausdrücklich bestimmten Gebieten (§ 7 Abs. 1 und 2 Kombinats-VO).

Hinsichtlich der Grundtypen von Kombinaten ermöglicht die Kombinatsverordnung die notwendige Reaktion auf spezifische Bedingungen. Bezüglich der Leitungsorganisation im Kombinat orientiert die Verordnung in der Regel darauf, die Leitung des Kombinats mit der Leitung des Stammbetriebes zu verbinden, schafft die gesetzliche Grundlage aber auch für eine selbständige Kombinatsleitung, sofern es die spezifischen Reproduktionsbedingungen des Kombinats erfordern. Auch für die Wahrnehmung von Leitungsfunktionen des Kombinats durch Leitbetriebe ermöglicht die Verordnung entsprechende Entscheidungen, trifft sie aber nicht definitiv für bestimmte Gruppen von Kombinaten (§ 26 Abs. 1 und 3 Kombinats-VO).

Diese Art und Weise der Regelung muß bei der Rechtsverwirklichung im Prozeß der Festigung und weiteren Entwicklung der Kombinate beachtet werden. In bezug auf die inhaltlichen Entscheidungen ist der Rahmen für eigenverantwortliche Entscheidungen sehr weit, waren grundsätzliche wie Mindestanforderungen nur im begrenzten Maße so formulierbar, daß sie unmittelbar der Praxis im einzelnen Kombinat zugrunde gelegt werden können. Die rechtliche Regelung kann hier die Übereinstimmung der für die einzelnen Kombinate im weiteren Prozeß ihrer Entwicklung zu treffenden Maßnahmen mit den gesamtgesellschaftlichen Anforderungen nicht dadurch sichern, daß sich diese Maßnahmen in ein in den Rechtsnormen vorgeschriebenes Regelungsmodell – auf

Grund der inhaltlichen Anforderungen in der rechtlichen Regelung selbst – für alle Beteiligten überprüfbar einordnen müssen. Der Mechanismus der rechtlichen Regelung muß hier vielmehr den gesellschaftlichen Erfordernissen entsprechende Entscheidungen für das einzelne Kombinat gewährleisten, indem die rechtliche Regelung verbindliche Anforderungen an die Art und Weise der Entscheidungsvorbereitung und Entscheidungsfindung stellt, z. B. in bezug auf das Zusammenwirken mit dem übergeordneten Organ, die Koordinierung mit anderen, insbesondere territorialleitenden Organen, die Einbeziehung der Direktoren der Kombinatsbetriebe und kollektiver Beratungsorgane in die Leitung und das enge Zusammenwirken mit den Betriebsparteiorganisationen, den zuständigen Gewerkschaftsorganen und anderen gesellschaftlichen Organisationen (§§ 4, 5, 7, 24 Kombinats-VO).

Aus dieser Wechselbeziehung von genereller, für alle Kombinate gültiger Regelung in der Verordnung selbst und geforderter oder zugelassener Entscheidung entsprechend den spezifischen Reproduktionsbedingungen des einzelnen Kombinats (§ 7 Kombinats-VO) ergibt sich auch der Stellenwert des Status und der durch den Generaldirektor zu erlassenden Ordnungen, aber auch der notwendigen Bestätigung des Statuts durch den Minister (§ 29 Kombinats-VO). Es erhöht sich die Bedeutung der kombinatsinternen Regelungen, und damit wachsen die Anforderungen an ihre Qualität und ausreichende Stabilität.

Abschließend zu den organisationsrechtlichen Fragen sei bemerkt, daß es immer dringlicher wird, die Klassifizierung und die begriffliche Kennzeichnung der Wirtschaftsrechtssubjekte entsprechend den eingetretenen Veränderungen zu überdenken und vor allem in der Gesetzgebung einheitlich vorzugehen.

Bekanntlich war es bisher möglich, den Begriff des Betriebes in einer doppelten Weise zu gebrauchen, einmal für alle ökonomisch und rechtlich selbständigen Struktureinheiten, die unmittelbar Wirtschaftstätigkeit ausüben, zum anderen nur für den volkseigenen Betrieb als die bisher dominierende Art hierbei. Die VEB/VVB-VO von 1973 konnte noch den volkseigenen Betrieb als Prototyp der Wirtschaftseinheit regeln (§§ 8–23) und diese Vorschriften nicht nur für den volkseigenen Betrieb, sondern – soweit keine abweichende Regelung erfolgte – auch für das Kombinat wie auch für den Kombinatsbetrieb gelten lassen (§§ 24 Abs. 2 und 25 Abs. 2).

Die neue Kombinats-VO regelt dagegen das Kombinat als eigenständige, in Industrie und Bauwesen die Regel darstellende Organisationsform und untrennbar damit verbunden die Rechtsstellung seiner Betriebe. Zunehmend setzt sich durch, daß die volkseigenen Kombinate, Kombinatsbetriebe und volkseigenen Betriebe (die nicht einem Kombinat zugehören), wenn sie gemeinsam Adressaten von Rechtsnormen sind, mit dem Begriff Wirtschaftseinheit in der Gesetzgebung erfaßt werden. Aber damit ist die Aufgabe noch nicht voll gelöst. Die Rechte und Pflichten bei der Gestaltung der jeweiligen ökonomischen Prozesse lassen sich in den Rechtsvorschriften nur in bestimmten Fällen und im begrenzten Maße für alle drei Arten der Wirtschaftseinheiten einheitlich festlegen. Man wird damit rechnen müssen, daß in vielen Normativakten je nach der notwendigen differenzierten Zuordnung von Rechten und Pflichten alle drei Begriffe nebeneinander erscheinen, weil sie sowohl Festlegungen enthalten, die gleichermaßen für alle Wirtschaftseinheiten gelten, als auch solche, die nur für die Kombinate oder nur für die Kombinatsbetriebe oder nur für Betriebe, die keinem Kombinat zugehören, zutreffen.

Tiefgreifende Konsequenzen aus der Entwicklung der Kombinate zu einem sozialökonomischen Organismus neuer Qualität sind nicht nur in der unmittelbar subjektbezogenen Regelung, wie sie mit der Kombinats-VO vorliegt, sondern vor allem auch in den unmittelbar prozeßbezogenen Regelungen, z. B. der Planung, der Bilanzierung, den Kooperationsbeziehungen, der Finanzierung u. a. erforderlich. Es kommt darauf an, die Veränderungen in ihrer ganzen Tragweite zu erfassen und im Herangehen und bei der prinzipiellen Gestaltung dieser Regelungen der Stellung und volkswirtschaftlichen Verantwortung der Kombinate Rechnung zu tragen.

Betrachtet man den vorliegenden Entwurf des Vertragsgesetzes, so regelt es in erster Linie die volkswirtschaftliche Kooperation. Zweifellos wird das Netz der volkswirtschaftlichen Kooperationsbeziehungen durch die Bildung und Entwicklung der Kombinate und die damit zu bewältigende Verknüpfung von Forschung und Entwicklung und Produktion wesentlich betroffen. Die Kombinate tragen die volkswirtschaftliche Verantwortung für die komplexen Neuerungsprozesse und für die Deckung des volkswirtschaftlich begründeten Bedarfs an Erzeugnissen und Leistungen des durch sie repräsentierten Produktionskomplexes. Durch die Zusammenfassung von Produktionskapazitäten, die Einbeziehung von Forschungs- und Entwicklungseinrichtungen, Zulieferbetrieben und z. T. auch von Außenhandelsbetrieben in die Kombinate sowie durch die Entwicklung des eigenen Rationalisierungsmittelbaus entsteht ein neuartiges Netz kombinatsinterner Kooperationsbeziehungen. Die Kooperationsbeziehungen zwischen den Kombinaten liegen zwar jetzt durch die strukturellen Veränderungen häufig an anderen Nahtstellen der volkswirtschaftlichen Verflechtung, haben aber in der Regel erhöhte Bedeutung für die Bewältigung der den Kombinaten gestellten höheren Aufgaben. Das gilt insbesondere dort, wo Erarbeitung und Überleitung neuer Erzeugnisse und Technologien in die Produktion bzw. ihre effektive Anwendung mit dem erforderlichen Zeitgewinn nur durch sachlich und zeitlich synchrone wissenschaftlich-technische Arbeit und Leistungsentwicklung verschiedener Kombinate bewältigt werden können.

Die Frage, welche Beziehungen künftig den Prototyp der vom Vertragsgesetz zu regelnden Beziehungen darstellen, kann m. E. nur dahin beantwortet werden, daß dies die Beziehungen zwischen den Wirtschaftseinheiten sind, die an der volkswirtschaftlichen Kooperation beteiligt sind, Partnern von Wirtschaftsverträgen also, deren Plangrundlage die von den staatlichen Organen der Wirtschaftsleitung erlassenen Plan-, Bilanz- und anderen Leitungsentscheidungen sind. Das sind vor allem die den Ministerien direkt unterstellten Kombinate, die ihren einheitlichen Reproduktionsprozeß auf solcher Grundlage mit hoher Eigenverantwortung zu planen, zu organisieren und zu realisieren haben.

Aus der Sicht des Kombinats sind das seine Kooperationsbeziehungen nach außen. Dabei kann hier zunächst dahingestellt bleiben, ob diese durch das Kombinat selbst (bei Bestehen einer gesonderten Kombinatsleitung), durch den Stammbetrieb, einen Kombinatsbetrieb mit Leitfunktion oder einen anderen Kombinatsbetrieb begründet und realisiert werden. Zu ihrer Gestaltung und Realisierung sind mittels der Planung des einheitlichen Reproduktionsprozesses des Kombinats und seiner inneren Kooperationsbeziehungen spezialisierte Tätigkeiten der Kombinatsbetriebe zusammenzuführen, entsprechend der Arbeitsteilung und Struktur des Kombinats mit unterschiedlichen Leistungsgegenständen und in verschiedenem Ausmaß. Entscheidend ist m. E. für die Anlage der Gesamtregelung, daß in jeder dieser Beziehungen und immer stärker im Prozeß der Entwicklung der Kombinate die Leistungskraft und volkswirtschaftliche

Verantwortung des Kombinats, die Effekte der Kombinatsentwicklung wirksam werden, wie umgekehrt in jedem Falle – gleich wer nach außen auftritt – Erfordernisse der Wirtschaftstätigkeit des Kombinats als großer Wirtschaftseinheit zur Geltung zu bringen sind. Prototyp für die künftige allgemeine und spezielle vertragsrechtliche Regelung im neuen Vertragsgesetz sind demnach die Beziehungen der Kombinate in der volkswirtschaftlichen Kooperation. Ein solches Herangehen hat Konsequenzen sowohl für die Organisierung der Vertragsbeziehungen in Verwirklichung der Einheit von Plan, Bilanz und Vertrag als auch für den Maßstab, der im Falle der Pflichtverletzung anzuwenden ist.

Die Kombinate haben wichtige Kooperationsbeziehungen miteinander vor allem dort zu realisieren, wo es um die Verbindung von Wissenschaft und Produktion mit dem Ziel größtmöglichen Zeitgewinns geht und Kombinate sachlich und zeitlich ihre wissenschaftlich-technische Arbeit wie Erzeugnis- und Leistungsentwicklung synchron bewältigen müssen. Hierfür sind – in ihrer Wechselwirkung – von entscheidender Bedeutung die konzeptionell strategische Arbeit der Kombinate und die Grundlagen, die hierfür in den frühen Phasen des volkswirtschaftlichen Planungsprozesses gelegt werden. Das erfordert ein enges Zusammenwirken zwischen Kombinat, seinem Ministerium und der Staatlichen Plankommission im Planungsprozeß schon von der Arbeit am Plananſatz an. Die Kombinate müssen aber auch miteinander ihre Kooperationsbeziehungen entsprechend langfristig verbindlich organisieren. Dies kann durch langfristige Leistungsverträge oder – wenn noch nicht alle Voraussetzungen für deren Abschluß vorliegen – durch ihnen vorausgehende, die künftigen Leistungen vorbereitende Verträge erfolgen. Die letztgenannte Art von Wirtschaftsverträgen unterscheidet sich von den Koordinierungsverträgen, die mit dem Ziel der Abstimmung von Plan- und Bilanzentscheidungen geschlossen werden.

Im ersten Falle wird das Ergebnis wesentlich über den Abschluß und Inhalt späterer Leistungsverträge zwischen denselben Partnern wirksam, und ein charakteristischer Bestandteil der Rechte- und Pflichtenstruktur ist demzufolge die von den Partnern vertraglich eingegangene Verpflichtung, diese Verträge miteinander und mit entsprechendem Inhalt zu schließen. Für die Funktion und die Rechte- und Pflichtenstruktur dieser Verträge ist es von gravierender Bedeutung, daß die Kombinate als große Wirtschaftseinheiten ihre Kooperationsverpflichtungen langfristig organisieren und diese Verpflichtung auch selbst im Rahmen ihres einheitlichen Reproduktionsprozesses, konkret durch die Betriebe des Kombinats, erfüllen.

Von Anfang an verbinden hier die Kombinate eigene Wirtschaftstätigkeit, koordinieren nicht nur Plan- und andere Leitungsentscheidungen, sondern treffen ökonomische Dispositionen bei der Verknüpfung von Wissenschaft und Technik mit der Produktion und machen die in ihnen hierfür zusammengeschlossenen ökonomischen Potenzen wirksam. Die Kombinate handeln dabei nicht als übergeordnete Organe ihrer Betriebe, sondern als Wirtschaftseinheit und tragen für die Erfüllung der eingegangenen Verpflichtungen auch die ökonomische Verantwortung.

Voraussetzung ist ferner ein entsprechend langfristiges Zusammenwirken der Kombinate mit ihrem Ministerium und der Staatlichen Plankommission im Planungsprozeß, um die erforderlichen Plangrundlagen für den Abschluß solcher Verträge und Voraussetzungen für ihre Stabilität durch Einordnung und Berücksichtigung in spätere staatliche Planentscheidungen zu schaffen.

Man sollte m. E. die künftige Leistungsbeziehungen vorbereitenden Verträge zwischen den Kombinaten oder anderen Wirtschaftseinheiten mit ihrer charakteristischen Rechte- und Pflichtenstruktur als eine besondere Art von Wirtschaftsverträgen regeln. Die Begriffsproblematik ist dabei sekundär.

Das bedeutet nicht, daß die Koordinierungsverträge für die Kombinate keinerlei Bedeutung hätten. Soweit die Kombinate bilanzierende oder bilanzausarbeitende Organe in der Material-, Ausrüstungs- und Konsumgüterbilanzierung sind, werden sie bei der Wahrnehmung der Bilanzierungsfunktion als staatlicher Funktion auch Koordinierungsverträge mit anderen am Bilanzierungsprozeß Beteiligten schließen. Soweit sie jedoch selbst der Hauptproduzent sind, schulden sie das in die Bilanz eingestellte Aufkommen aus ihrer eigenen Wirtschaftstätigkeit. Sie sollten sich dann auch entsprechend vertraglich binden durch Abschluß eines Leistungsvertrages oder eines Vertrages zur Vorbereitung künftiger Leistungen, mit dem sie zugleich Grundlagen für ihre Planungstätigkeit schaffen und sich zu entsprechender Wirtschaftstätigkeit verpflichten. Begrenzen sie die Verpflichtungen auf die Abstimmung der Plan- und Bilanzentscheidungen in einem Koordinierungsvertrag, so nehmen sie m. E. ihre volkswirtschaftliche Verantwortung als große Wirtschaftseinheiten nicht voll wahr.

Weitergehendere Konsequenzen als häufig angenommen, ergeben sich auch für die rechtliche Regelung der kombinatsinternen Kooperationsbeziehungen. Jede einzelne dieser Beziehungen erfaßt immer einen Teilvorgang im relativ geschlossenen Reproduktionsprozeß des Kombinats. Die Anforderungen an Begründung, Gestaltung und Sicherung jeder dieser Beziehungen wird daher durch das gesamte System der Leitung, Planung und ökonomischen Stimulierung im Kombinat wesentlich bestimmt. Durch die Zugehörigkeit der zu regelnden Beziehungen zum einheitlichen Reproduktionsprozeß des Kombinats ist der Wirkungszusammenhang gebrochen. Wesentlich bestimmt durch das Aufgabenprofil und die Art des im jeweiligen Kombinat erfolgten Zusammenschlusses, dessen wirtschaftsorganisatorische Struktur und Leitungssystem, bedarf es der Entscheidung darüber, wer nach außen die Wirtschaftsverträge schließt, wie die kombinatsinternen Beziehungen organisiert werden und inwieweit und wie modifiziert die im Vertragsgesetz enthaltenen Regelungen dafür geeignet und deshalb anzuwenden sind. Man muß sich m. E. darauf einstellen, daß die Bedingungen sich außerordentlich unterschiedlich entwickeln und daß in einer nicht geringen und wahrscheinlich zunehmenden Zahl von Fällen die Modifikation sich verstärkt. Aus der Tatsache, daß die Kombinatsbetriebe wirtschaftlich und rechtlich selbständig und für das Ergebnis ihrer Tätigkeit ökonomisch verantwortlich sind, resultieren viele Impulse für die Beibehaltung der Organisierung der innerkombinatlichen Beziehungen durch Wirtschaftsverträge. Dennoch wird es m. E. auch eine wachsende Zahl jener Fälle geben, in denen das Zusammenwirken der Kombinatsbetriebe auf andere Weise als mittels Vertrag gestaltet wird. Es sind also die spezifischen objektiven Bedingungen der Entwicklung einer wirklichen Kombination der Arbeit im jeweiligen Kombinat und eines ihnen entsprechenden innerkombinatlichen Leitungs- und Planungssystems, die die Gestaltung der innerkombinatlichen Kooperationsbeziehungen bestimmen. Damit wird die Verantwortung deutlich, die die Generaldirektoren für die Qualität und Stabilität der Kooperationsordnung des Kombinats tragen.

Auch an die Frage des Maßstabes der Verantwortlichkeit bei Vertragsverletzungen muß von der volkswirtschaftlichen Verantwortung des Kombinats aus herangegangen werden. Neue Überlegungen sind hier geboten für die Fälle, in denen Kombinatsbetriebe nach außen als Vertragspartner auftreten. Ihrer ökonomischen und rechtlichen

Selbständigkeit entspricht es, daß sie die ökonomische Verantwortung für ihre Tätigkeit tragen. Schließen sie Verträge, sind sie auch für deren Erfüllung verantwortlich.

Jedoch ist dies erst eine Seite des Problems. Wir haben festgestellt, daß das Kombinat in der volkswirtschaftlichen Kooperation in jedem Falle die Kombinatseffekte wirksam machen muß. Das bezieht sich insbesondere auf die Ausschöpfung der Möglichkeiten der Verbindung von Wissenschaft und Produktion in neuen Dimensionen und der Vorteile der einheitlichen Leitung und Planung des relativ geschlossenen Reproduktionsprozesses des Kombinats. Auch hier sind die Anforderungen von heute nicht identisch mit denen von morgen, denn die Ausnutzung der Vorzüge in der Neuformierung des Volkseigentums im Interesse der Entwicklung der Produktivkräfte ist ein längerer Prozeß. Bestandteil der einheitlichen Leitung des Kombinats sind die Entscheidungen darüber, wer in der volkswirtschaftlichen Kooperation des Kombinats, also nach außen, Vertragspartner ist.

In der Diskussion wurde auf den Zusammenhang zwischen der Entwicklung der wirtschaftlichen Rechnungsführung, Leistungsbewertung und ökonomischen Stimulierung der Kollektive und der Wirkung materieller Sanktionen hingewiesen. Eigenart der wirtschaftsrechtlichen Verantwortlichkeit der Kombinate und Betriebe ist es, daß sie nur als materielle Verantwortlichkeit realisierbar ist, spezifisch im Rahmen der wirtschaftlichen Rechnungsführung, Leistungsbewertung und materiellen Stimulierung der Kombinate und Betriebe auf der Grundlage des Planes. Diese materielle Verantwortlichkeit knüpft an den ökonomischen Folgen der Pflichtverletzung an, will erzieherisch wirken mit dem Ziel, das notwendige Verhalten herbeizuführen und/oder nachteilige ökonomische Folgen mittels der Zahlung von Vertragsstrafe und Schadenersatz auf die ihre Rechtspflicht verletzende Wirtschaftseinheit zu übertragen. Das gesellschaftliche Ziel ist nur zu erreichen, wenn die Vertragsdisziplin erhöht wird.

Folglich ist ihre Wirksamkeit wesentlich davon abhängig, welchen Platz die wirtschaftliche Rechnungsführung, Leistungsbewertung und ökonomische Stimulierung auf der Grundlage des Planes in der Wirtschaftspraxis einnehmen. Die auf der Beratung mit den 1. Kreissekretären von Genossen Erich Honecker hervorgehobene Bedeutung der Leistungsbewertung der Kombinate und Betriebe und unterstrichene Forderung, die stimulierende Wirkung des Leistungsprinzips des Sozialismus voll zur Wirkung zu bringen, lassen hier bessere Grundlagen für die Wirkung der Vertragserfüllung wie der materiellen Verantwortlichkeit für Vertragsverletzungen in der Zukunft erwarten.

J. Oreschko

Einige Bemerkungen zur Entwicklung der Kombinate aus der Sicht der Landesverteidigung

Die Entwicklung der Kombinate in Industrie und Bauwesen führt zu einem sichtbaren Leistungsanstieg unserer Volkswirtschaft und dient somit der politischen, ökonomischen und auch der militärischen Stärkung unserer Republik. Mit der Bildung der Kombinate wurde eine qualitativ neue Etappe unserer Planwirtschaft eingeleitet.

Die Rolle unserer Kombinate wurde in der heutigen Beratung in einem breiten Spektrum behandelt. Ich möchte das noch etwas erweitern hinsichtlich der Frage der sozialistischen Landesverteidigung.

Unsere Partei geht bei der Gestaltung der entwickelten sozialistischen Gesellschaft stets von der Einheit und Komplexität aller ihrer Bestandteile aus. Das trifft auch für den gewaltigen Prozeß zu, der mit der Bildung der Kombinate als grundlegender Wirtschaftseinheiten der materiellen Produktion eingeleitet wurde. Dieser Prozeß hat auch für die Landesverteidigung, insbesondere für ihre ökonomische Sicherstellung, prinzipielle Bedeutung.

Im Einführungsreferat und in der Diskussion wurde die Kombinatsentwicklung als gesellschaftlicher Prozeß dargestellt und die große Verantwortung der Generaldirektoren für die Volkswirtschaft und den Staat herausgestellt. Aus der Sicht der Landesverteidigung kann das nur voll unterstrichen werden.

In der „Verordnung über die volkseigenen Kombinate, Kombinatsbetriebe und volkseigenen Betriebe" vom 8. November 1979 heißt es im § 2: „Das Kombinat verwirklicht die ihm von den zuständigen Organen übertragenen Aufgaben zur Stärkung der Landesverteidigung einschließlich der Unterstützung der sozialistischen Wehrerziehung der Werktätigen."

Daraus ergeben sich konkrete Aufgaben für die Generaldirektoren, die Wirtschaftsfunktionäre und alle Werktätigen, aber auch klare Aufgaben für die Mitarbeiter in den staatlichen Organen und auch in den Organen der Landesverteidigung bei der Gestaltung ihrer Beziehungen zu diesen neuen, großen Wirtschaftseinheiten. Es ist unter den gegenwärtigen Bedingungen der Klassenauseinandersetzung in der Welt unumgänglich, daß wir bedeutende Kräfte und Mittel für die weitere Stärkung der materiell-technischen Basis der sozialistischen Landesverteidigung einsetzen müssen. Die Bereitstellung entsprechender moderner Bewaffnung, Technik und Ausrüstung für die NVA und die Bruderarmeen unseres sozialistischen Verteidigungsbündnisses ist dafür der materielle Ausdruck.

Die höheren Anforderungen an die gemeinsamen Verteidigungsanstrengungen aller Länder der sozialistischen Koalition ergeben sich aus den gefährlichen aggressiven Aktivitäten des Imperialismus, insbesondere durch das Hochrüstungsprogramm der USA und durch die Brüsseler Raketenbeschlüsse der NATO. Der Minister für Nationale Verteidigung, Genosse Armeegeneral Hoffmann, sagte dazu auf der 11. Tagung des ZK der SED: „Auf militärökonomischem Gebiet ist es für jedes Land Ehrensache, keine militär-technische Überlegenheit der NATO zuzulassen. Wir können nicht als passive Beobachter den von den NATO-Staaten unternommenen Schritten zur Eskalation der Kriegsvorbereitungen, zur Weiterentwicklung der wissenschaftlichen, technischen und ökonomischen Basis für die Schaffung neuester Waffenarten und für die Ausrüstung der Streitkräfte mit diesen Waffen zusehen."[1]

Aus der Notwendigkeit der Sicherheit und des Schutzes unseres sozialistischen Staates kann man einschätzen: Die mit der Kombinatsbildung verbundene bessere Nutzung der Intensivierungsfaktoren als Ganzes, die weitere Konzentration und Spezialisierung von Forschung und Entwicklung, Produktion und Absatz zur Erreichung eines sichtbaren Zuwachses an volkswirtschaftlichem Endprodukt sowie die Entwicklung von Erzeugnissen mit wissenschaftlich-technischem Höchststand (Spitzenleistungen), entsprechen voll und ganz den derzeitigen und zukünftigen Erfordernissen der sozialistischen Landesverteidigung. Damit bestehen günstige Voraussetzungen für die Erhöhung des Anteils der Volkswirtschaft der DDR an der materiell-technischen Ausstattung der NVA und der Armeen der sozialistischen Verteidigungskoalition mit moderner Technik und Ausrüstung.

Die Kombinatsbildung bietet auch neue Voraussetzungen für die Entwicklung der *sozialistischen militärökonomischen Integration* als planmäßig geleiteten Prozesses der Verflechtung der militärökonomischen Potenzen der einzelnen Länder zu einem Ganzen. Ausgehend davon, eröffnen sich neue Möglichkeiten auf dem Gebiet der Spezialisierung und Kooperation, die es zu erkennen und entsprechend dem derzeitigen Stand der Entwicklung der Produktionsverhältnisse und der internationalen Arbeitsteilung in den 80er Jahren voll zu nutzen gilt.

Für die Leitung der Kombinate bedeutet das, den Aufgaben der ökonomischen Sicherstellung der Landesverteidigung weit höhere Aufmerksamkeit zu widmen als bisher. Die bereits gesammelten guten Erfahrungen in der Arbeit mit großen Wirtschaftseinheiten der DDR auf diesem Gebiet sind dafür eine gute Ausgangsbasis. Große Wirtschaftseinheiten haben sich als leistungsfähige Partner für die ökonomische Sicherstellung der Streitkräfte entwickelt.

So ist z. B. die umfassende Nutzung der EDV in der NVA, insbesondere für die Automatisierung und Mechanisierung der Truppenführung, die Arbeit der Stäbe und Führungsstellen, von großer Bedeutung für eine hocheffektive Arbeit in der militärischen Führung. Damit konnte auch ein wichtiger Schritt zur Umsetzung wissenschaftlicher Erkenntnisse bei der Anwendung der Elektronik für die Landesverteidigung getan werden. Die Erreichung effektiver Arbeitsergebnisse beim militärischen Schutz unseres Staates durch Einsparung von Personal, die volle Nutzung des Zeitfaktors und eine hohe Genauigkeit der Führungsergebnisse liegen dabei auf der Hand. Es ist offensichtlich, daß auf diesem Gebiet durch die umfassende Nutzung der Mikroelektronik weitere Reserven liegen.

Als weiteres Beispiel möchte ich die Ausstattung der NVA mit Transport- und Spezialfahrzeugen erwähnen. Welche Bedeutung Kfz-Technik für eine moderne Armee hat, ist allgemein bekannt. Auch künftig besteht eine wichtige Aufgabe darin, leistungsfähige LKW zu entwickeln und für die Armee zur Verfügung zu stellen.

[1] H. Hoffmann, Anforderungen an den Schutz des Sozialismus wachsen, in: 11. Tagung des ZK der SED, 13./14. Dezember 1979, Berlin 1979, S. 110.

Die Bildung und Entwicklung leistungsfähiger Kombinate ist auch von erheblicher Bedeutung für die Vorbereitung auf den Verteidigungszustand, den wir niemals ausschließen können. Das Verteidigungsgesetz fordert eindeutig konkrete Maßnahmen, um möglichen jähen Wendungen in der internationalen Lage Rechnung zu tragen. Die Ereignisse der letzten Monate beweisen eindeutig die Richtigkeit dieser Einschätzung unserer Partei- und Staatsführung. Die Leitung und Planung im Kombinat ermöglichen es, diesen höheren komplizierten Anforderungen weit besser gerecht zu werden als in kleinen zersplitterten Einheiten.

Die auf diesem Gebiet gestellten Aufgaben an die Kombinate sind sehr vielfältig. Ihr Spektrum umfaßt sowohl Führungsprobleme wie auch Fragen der Kaderarbeit und der Zivilverteidigung. Durch das Kombinat, die Leitungskräfte und die Werktätigen, müssen diese Aufgaben – aufgrund der militärpolitischen Bedrohung durch den Imperialismus – erfüllt werden. Die Potenzen dafür sind im Kombinat vorhanden.

Was ergibt sich daraus an wesentlichen Schlußfolgerungen? Objektiv sind – ausgehend von der Form der Leitung und Organisation – alle Voraussetzungen geschaffen, die mit der Landesverteidgung zusammenhängenden Anforderungen durch die Kombinate zu lösen. Das bezieht sich sowohl auf die materielle Sicherstellung der Landesverteidigung im Frieden als auch auf die Vorbereitung für den Verteidigungszustand. Die bisher erlassenen Rechtsvorschriften wie die Verordnung über die volkseigenen Kombinate, die Anordnung über die Planung der Volkswirtschaft der DDR 1981/85, die Verordnung über die Material-, Ausrüstungs- und Konsumgüterbilanzierung sowie weitere Rechtsvorschriften werden den Erfordernissen für eine wirksame Landesverteidigung gerecht und sind voll durchzusetzen.

Unsere Parteiführung widmet stets den Fragen der Landesverteidigung die gebührende Aufmerksamkeit. Sie sind immanenter Bestandteil der Arbeit der gesamten Volkswirtschaft. Von der persönlichen Einstellung der führenden Genossen der Kombinate wird es wesentlich mit abhängen, wie die wachsenden Aufgaben bei der ökonomischen Sicherstellung der Landesverteidigung noch effektiver gelöst werden.

U. Gabler*

Zusammenhänge zwischen der Steigerung der Arbeitsproduktivität und der Gestaltung des Produktionsprogramms in Industriekombinaten

Der Geraer Erfahrungsaustausch bestätigte, wie nötig und nützlich es ist, die Erfahrungen der fortgeschrittenen Kombinate zu studieren und zu verallgemeinern, um die Unterschiede im Leistungsniveau zwischen den Kombinaten zu überwinden. Eine wichtige Voraussetzung, um das Leistungsvermögen der Kombinate in vollem Maße zu nutzen und zielgerichtet zu entwickeln, besteht in der gründlichen analytischen Arbeit. Die Analysen müssen erkennen lassen, wie Reserven zu erwirtschaften sind. Sie bilden eine wichtige Grundlage für die erfolgreiche konzeptionelle Arbeit der Kombinate zur Erreichung eines hohen Leistungszuwachses.

In der analytisch-konzeptionellen Arbeit der Industriekombinate nimmt die Gestaltung der Produktionsprogramme einen zentralen Platz ein. Das Produktionsprogramm des Kombinates muß dem Bedarf entsprechen, d. h. dem Bedarf der Bevölkerung, dem Bedarf der Wirtschaft einschließlich des Exports und dem Bedarf des Staates, und es ist mit hoher Effektivität zu realisieren. Vor allem die angespannten außenwirtschaftlichen Bedingungen erfordern eine hohe Reaktionsfähigkeit der Kombinate, um verändertem Bedarf zu entsprechen oder mit veränderten Ressourcen zu wirtschaften und Neuerungen schnell anzubieten.

Die Produktivitätssteigerung im Kombinat ist eng mit der Gestaltung des Produktionsprogramms verknüpft. Die Intensivierung der gesellschaftlichen Arbeit und das stärkere Wirksamwerden qualitativer Wachstumsfaktoren haben in vielen Kombinaten analytisch-konzeptionelle Arbeiten ausgelöst, in denen untersucht wird, wie einerseits ein geplantes bedarfsgerechtes Produktionsprogramm auf die Steigerung der Arbeitsproduktivität wirkt und welche Anforderungen andererseits ein geplantes Wachstum der Arbeitsproduktivität an das Produktionsprogramm stellt.

Welche Erfahrungen und Erkenntnisse wurden vor allem in den Intensivierungskonzeptionen bzw. Entwicklungskonzeptionen der Kombinate dargelegt?

Der wesentliche Einfluß auf die Produktivitätssteigerung und auch auf die Gestaltung des Produktionsprogramms der nächsten Jahre geht aus von Wissenschaft und Technik. Das zeigt sich deutlich an der Zielrichtung der Forschungs- und Entwicklungsarbeit für neue Erzeugnisse. Diese Zielstellungen betreffen

– einen hohen Neuheitsgrad der Erzeugnisse, d. h., zum Zeitpunkt des Produktionsanlaufes müssen auf ausgewählten Gebieten Spitzenleistungen vorliegen, die den Weltstand bestimmen oder weltmarktfähige Erzeugnisse sind,

– die Senkung des gesellschaftlich notwendigen Arbeitsaufwandes je Erzeugnis vor allem über den technologischen Fortschritt, über material- und energiesparende Technologien und über Technologien zur Senkung des Arbeitszeitaufwandes,

* gemeinsam mit Dr. Erich Wichler

— die Verkürzung der Forschungs-, Entwicklungs- und Überleitungsdauer neuer Erzeugnisse, Technologien und Verfahren, die Verkürzung des Produktionszyklus neuer Erzeugnisse und der Zirkulationsprozesse im Kombinat.

Eine bedeutsame Aufgabe besteht in der Beherrschung der Einheit von Erzeugnisentwicklung und technologischer Verfahrensentwicklung. Nur wenn die Erzeugnisentwicklung gemeinsam mit der Verfahrensforschung betrieben wird, besteht die Gewähr für eine wesentliche Senkung des Aufwandes, für eine Verbesserung der Aufwands- und Kostenstruktur und für die Selbstkostensenkung.

Die Produktivitätssteigerung, die das Ergebnis einer derart orientierten Forschungs- und Entwicklungsarbeit ist, läßt sich messen an der erzeugnisbezogenen Arbeitszeiteinsparung (über den Industriepreis der neuen Erzeugnisse, kalkuliert nach dem Preis-Leistungs-Verhältnis sowie über die Arbeitszeitaufwandssenkung am Erzeugnis durch fortgeschrittene Technologien) und an der Erhöhung der Umschlagszahl der Umlaufmittel.

Von großem Einfluß auf die Produktivitätssteigerung ist, daß Limite für konstruktive und technologische Änderungen während der Leistungsstufen K 4 bis K 8 und K 8 bis K 10/0 nicht überschritten werden und die Neuerungen erzeugnis- und verfahrensseitig so ausgereift sind, daß die Überleitungszeiten und gleichzeitig die Normative für Nullserienmehrkosten und Anlaufkosten eingehalten werden. In Kombinaten, die bereits mehrjährige Erfahrungen mit Normativkatalogen zur Planung und Kontrolle der Forschungs- und Entwicklungsarbeiten haben, wird dieses Instrument hochgeschätzt, um meßbare Leistungsfortschritte in Forschung und Entwicklung zu erreichen.

Ein weiterer Zusammenhang, der planmäßig zu gestalten ist, betrifft das Sortiment und seinen Einfluß auf die Steigerung der Arbeitsproduktivität. Die Produktion in den Kombinaten vollzieht sich in Sortimenten. Mit welchem zeitlichen Vorlauf die Sortimentsgestaltung erfolgen muß, hängt wesentlich ab von der Dauer des Reproduktionszyklus der Haupterzeugnisse und ihrem Erneuerungszyklus. Solange die Sortimentsgestaltung in einigen Kombinaten auf den Anlauf und auf den Auslauf der Produktion von Erzeugnissen eingeschränkt wurde, gingen wichtige Einsichten verlustig. Das Wesentliche der planmäßigen Gestaltung der Produktions- und Absatzsortimente besteht darin, durch eine zielgerichtete Kombination der Produktion verschiedener Erzeugnisse im Kombinat spezielle Effekte ökonomisch auszunutzen. Das betrifft vor allem die konstruktive und technologische Ähnlichkeit der Erzeugnisse und ihre Ähnlichkeit bezüglich der Anwendung. „Sortimentsgestaltung“ impliziert, daß es sich beim Produktions- und Absatzsortiment eines sozialistischen Kombinates nicht um eine zufällige Anhäufung verschiedener Erzeugnisse handelt, sondern daß planmäßige Sortimentsveränderungen betriebswirtschaftlich ausgenutzt werden. Das geschieht z. B. durch die Proportionierung des Produktionssortimentes in Haupterzeugnisse (Produktionsmittel), spezielles Zubehör, Rationalisierungsmittel (Eigenbau), Ersatzteile, Konsumgüter sowie in Erzeugnisse, Baugruppen, Einzelteile (Produktionsverbrauch) und ihre zusammenhängende Planung und Bilanzierung. Geplante Sortimentsveränderungen, die dem Bedarf entsprechen, können zu positiven und auch zu negativen Produktivitätseffekten führen. Positive Sortimentseffekte treten auf, wenn die Stückzahlen der Erzeugnisse im Planjahr steigen, die eine günstige Preis-Arbeitszeitaufwands-Relation aufweisen. So treten z. B. mit dem Anlauf neuer Erzeugnisse, die nach dem Preis-Leistungs-Verhältnis kalkuliert sind, positive Sortimentseffekte auf. Aber auch negative Sortimentseffekte sind in einem oder in mehreren Planjahren nicht auszuschließen. Sie treten dann auf, wenn die Produktion von Erzeugnissen steigt, die gemessen am Durchschnitt der Kombinatsproduktion eine ungünstige Preis-Arbeitszeitaufwands-Relation aufweisen. In einer Reihe von Kombinaten treten mitunter negative Sortimentseffekte zusammen mit der Erhöhung des NSW-Exportes auf. Das kann ein Zeichen dafür sein, daß sich der NSW-Export auf besonders arbeitszeitintensive Erzeugnisse konzentriert. Ein solcher Zustand läßt sich überwinden, wenn die Stückzahlen der in das NSW exportfähigen Erzeugnisse so gesteigert werden, daß über optimale Serien- oder Losgrößen ein Mengeneffekt genutzt werden kann. Mit den vergrößerten Stückzahlen gelangt eine solche Technologie zur Anwendung, die zu einer Arbeitszeiteinsparung bzw. auch zu Materialeinsparungen am Erzeugnis führt. Bestehen für bestimmte Erzeugnisse solche Möglichkeiten einer Aufwandssenkung durch Stückzahlerhöhungen nicht, ist ein anderes Vorgehen zu prüfen. Bei entsprechendem Bedarf ist die Neuentwicklung von Erzeugnissen mit wesentlich höheren Gebrauchseigenschaften für den Anwender auszulösen.

Von den realisierten und reproduzierbaren Gebrauchseigenschaften ist zu fordern, daß sie im Export als Verkaufsargument für die Exportpreisbildung gelten. Das ist ein unmittelbar aus der Sortimentsgestaltung abgeleiteter Anspruch an Wissenschaft und Technik und die schnelle, zielgerichtete Erneuerung des Produktionsprogramms, um mit bedarfsgerechter Produktion auch die ökonomische Effektivität zu steigern.

Damit das Produktions- und Absatzprogramm der Kombinate den veränderten Anwendererfordernissen gerecht wird und eine hohe ökonomische Effektivität des Aufwandes sichert, sind Entscheidungen zur Sortimentsgestaltung zu treffen, wirksam für das Planjahr und auch längerfristig. Diese Entscheidungen müssen gründlich durchdacht und berechnet sein. Sie sollen nicht zuletzt die Spezialisierung, Konzentration und Kooperation zwischen den Betrieben im Kombinat und zwischen den Kombinaten fördern. Mit Entscheidungen zum Sortiment dürfen keine Sortimentslücken zugelassen werden, die zu Bedarfslücken führen. Der Auslauf von Erzeugnissen darf aber auch nicht gehemmt werden. Es muß zur Ausnahme werden, daß alte und neue Erzeugnisse für den gleichen oder ähnlichen Anwendungszweck oder Anwenderkreis über mehrere Jahre parallel produziert werden u. a. m.

Es kommt darauf an, aus den analysierten Zusammenhängen zwischen der Produktivitätsentwicklung und der Sortimentsgestaltung planbare und kontrollfähige Maßnahmen abzuleiten und auszulösen. Ein hervorragendes Beispiel hierfür ist die Arbeit mit der Intensivierungskonzeption im Kombinat VEB Carl Zeiss Jena. Ausgehend von den wirtschaftspolitischen Anforderungen und den ökonomischen Zielstellungen, ist die Intensivierungskonzeption schwerpunktmäßig auf die Sortimentsgestaltung konzentriert, die Sortimentsgestaltung des Kombinates, der Kombinatsbetriebe und der Erzeugnisgruppen. Diese Konzeption wird durch folgende Arbeitsweise planwirksam:

— Die Festlegungen der Intensivierungskonzeption für das jeweilige Planjahr werden verbindlich in den Jahresplan übernommen;

— die Korrespondenz zwischen Aussagen der Intensivierungskonzeption und Jahresplan wird überprüft, Abweichungen bilden die Ausnahme, sie bedürfen der Begründung und Bestätigung durch den Generaldirektor;

— zusammen mit der jährlichen Abrechnung und Analyse der Planerfüllung werden die geltenden Festlegungen der Intensivierungskonzeption überprüft und abgerechnet.

Das Studium der Betriebswirtschaft in den fortgeschrittenen Kombinaten, das Studium der Leitungs- und Planungsarbeit wird der betriebswirtschaftlichen Forschung in noch stärkerem Maße und zahlreicher zu Verallgemeinerungen verhelfen, die in inhaltlicher und methodischer Hinsicht geeignet sind, Probleme und Fragen zur Sicherung eines hohen Leistungszuwachses der Kombinate mit zu lösen.

W. Schuster

Die Beachtung der Reaktionsfähigkeit auf die Bedarfsdynamik bei der inneren, wirtschaftsorganisatorischen Ausgestaltung der Kombinate

Die Reaktionsfähigkeit der Kombinate und Betriebe auf die Bedarfsdynamik gewinnt in vielen Zweigen zunehmend an Bedeutung. Diese Reaktionsfähigkeit muß sowohl potentiell vorhanden sein als auch über die Leitung, Planung und ökonomische Stimulierung nutzbar gemacht werden.

Auf die Bedarfsdynamik zu reagieren bedeutet u. a., rechtzeitig mit neuen Erzeugnissen bei geforderten oder erforderlichen Gebrauchseigenschaften auf den Markt zu treten, Entwicklungen anderer, teilweise konkurrierender Hersteller aufzugreifen und durch eigene Entwicklungen zu überbieten sowie sich spezifischen Kundenwünschen anzupassen, die meist als Abweichungen von Standarderzeugnissen in Erscheinung treten.

Immer bessere Bedürfnisbefriedigung und effektive Exporttätigkeit machen somit neben vielen anderen Faktoren eine Verkürzung der Reaktionszeiten oder allgemein der Zeiten zwischen Forschung und Entwicklung, Produktion und Verkauf notwendig.

Die Gestaltung der potentiellen Reaktionsfähigkeiten und ihre Nutzung in der konkreten Betriebswirtschaft erhalten durch die Schaffung der Kombinate neue Aspekte und Impulse. Durch die Vereinigung eines größeren Wirtschaftspotentials in einer Wirtschaftseinheit ergeben sich wesentlich bessere Bedingungen zur Erhöhung der Reaktionsfähigkeit. Voraussetzung dafür ist, daß die arbeitsteilige Differenzierung der Leistungs- und Leitungsprozesse diesen Aspekt beachtet und über die Leitung des Reproduktionsprozesses des Kombinates als Ganzes ein optimales Zusammenwirken der arbeitsteiligen Glieder im Leistungs- und Leitungsprozeß erreicht wird.

Aus diesen Grundsätzen leiten sich eine Fülle von Fragestellungen und Konsequenzen ab, die jeweils implizieren, daß die Reaktionsfähigkeit verbunden ist mit einer Erhöhung der Effektivität sozialistischen Wirtschaftens.

Allgemeine und prinzipielle Fragestellungen sind u. a.:

— Wie kann eine zweckmäßige Spezialisierung und Kombination bei der Produktionsdurchführung erreicht werden?

— Kann durch die Zentralisierung von Leistungsprozessen eine erhöhte Reaktionsfähigkeit erreicht werden?

— Welchen Geschlossenheitsgrad muß der Reproduktionsprozeß des Kombinates als Ganzes im Rahmen der Stellung des Kombinates im volkswirtschaftlichen, arbeitsteiligen Reproduktionsprozeß haben?

Die Frage nach der zweckmäßigen Spezialisierung und Kombination betrifft sowohl die Differenzierung nach Produktionsstufen und Stufenprodukten als auch solche Faktoren wie Ähnlichkeit des technologischen Prozesses, Ähnlichkeit in Art und Gestalt der Erzeugnisse, verwendete Werkstoffe u. a. Wird beispielsweise die technologische Ähnlichkeit in den Vordergrund gerückt, dann muß sofort geklärt werden, wie die Erzeugnisentwicklung gesichert werden kann.

Eine bedeutende Erhöhung der Reaktionsfähigkeit verspricht eine zweckmäßige Differenzierung zwischen zentraler und dezentraler Erfüllung von Aufgaben. Offensichtlich erfordert sehr häufig ein schnelles Reagieren zentrale Entscheidungen unter Sicht des Kombinates als Ganzes. Es treten deshalb Fragen in den Vordergrund, wie Gestaltung der Marktforschung, Gestaltung des Forschungs- und Entwicklungsprozesses, Organisation von Absatz und Versorgung, Rationalisierungsmittelbau, Kundendienst, Anwenderberatung und Service.

Im einzelnen leiten sich daraus Konsequenzen ab, z. B. für die Auftragsannahme und Auftragserteilung, für die Auslösung profilbestimmender FE-Aufgaben, für die Einrichtung zentraler Versorgungs- und Absatzläger und der daraus folgenden Organisation der Transport-, Umschlags- u. Lagerprozesse.

Bei immer besserer Nutzung der modernen Datenverarbeitung in vielen Kombinaten wird eine zentrale Auftragsannahme und Auftragssteuerung notwendig. In diesem Falle erlangen die Kombinatsbetriebe eine völlig neue Stellung innerhalb des Kombinates. Auch folgt aus der Bedarfsdynamik, daß es möglich sein muß, daß zu gleicher Zeit mehrere Betriebe am gleichen Endprodukt arbeiten, wenn das die Auftragslage erfordert und wenn es im Interesse volkswirtschaftlicher Effektivität liegt. Diese Gemeinschaftsproduktion muß bei der Profilierung der Betriebe beachtet werden. Sie ist sowohl bei überwiegend horizontal als auch bei vorwiegend vertikal organisierten Kombinaten möglich. Bei vertikaler Spezialisierung spielt die eigenständige Beweglichkeit sowohl der Zulieferbetriebe als auch der Finalproduzenten und ihr Zusammenwirken eine große Rolle.

Im Zusammenhang mit dem Geschlossenheitsgrad des kombinatlichen Reproduktionsprozesses sind bereits einige grundsätzliche Prämissen gesetzt, so z. B. der Anschluß wichtiger Zulieferbetriebe und die Errichtung selbständiger Rationalisierungsmittelbetriebe. Weiter zu durchdenken ist die genauere Bestimmung der durch das Kombinat zu befriedigenden qualitativ bestimmten Bedürfnisse und das daraus abzuleitende Erzeugnissortiment. Dabei ist zu beachten, daß die qualitativ bestimmten Bedürfnisse langzeitig bestehen, hingegen sich Art und Gestalt der Erzeugnisse zur Befriedigung qualitativ bestimmter Bedürfnisse je nach Tempo und Niveau des wissenschaftlich-technischen Fortschritts relativ schnell verändern können und müssen. Sie sind also das dynamische Element. Hierzu gehören auch die Fragen der sogenannten Diversifikation. Es ist zu bestimmen, in welchem Umfange es günstig ist, parallel in mehreren Kombinaten artgleiche Erzeugnisse zuzulassen und wie dann eine einheitliche Markt- und Entwicklungsstrategie gesichert werden kann.

Mit der zweckmäßigen inneren Ausgestaltung der Kombinate zur Erhöhung der Reaktionsfähigkeit im gesamtgesellschaftlichen Interesse muß auch gleichzeitig die Verantwortung der Industrieministerien und der Staatlichen Plankommission wachsen.

K.-H. Opelt

Zu einigen Aspekten der rationelleren Einbeziehung der Außenhandelstätigkeit in den Leitungsprozeß der sozialistischen Kombinate und Betriebe

Mit der durchgängigen Kombinatsbildung ergeben sich auch für die leitungsmäßige Verbesserung der Außenhandelstätigkeit gute Möglichkeiten. Auf zwei Probleme soll im Rahmen dieser Ausführungen eingegangen werden:

– auf die stärkere Einbeziehung der Importproblematik in das Leitungs- und Planungssystem der Kombinate und Betriebe sowie

– auf einige Aspekte der Qualifizierung und Weiterbildung der mit Außenhandelsaufgaben betrauten Kader.

Hinsichtlich der Importverantwortlichkeit zeigen Analysen der Außenhandelstätigkeit der Kombinate der chemischen Industrie mit dem NSW, daß gemeinsam mit den Außenhandelsbetrieben viele positive Exportergebnisse, vor allem in der kurzfristigen operativen Ausnutzung der Marktsituation, erreicht werden konnten. Es fällt aber auch auf, daß besonders in der noch besseren Nutzung der mittelfristigen und längerfristigen Aspekte erhebliche Effektivitätsreserven liegen. In dieser Richtung wird gegenwärtig entsprechende konzeptionelle Arbeit geleistet. Dabei zeigen sich einerseits innerhalb des Leitungssystems der Kombinate selbst, aber auch andererseits in der zweckmäßigeren Gestaltung der Außenhandelsvorgaben für die Kombinate gute Ansatzpunkte.

Zur Erschließung der Reserven innerhalb des Leitungssystems eines Kombinates wird im VEB Chemisches Kombinat Bitterfeld z. B. folgender verallgemeinerungsfähiger Weg beschritten:

Die umfangreiche Exportpalette wird unter verschiedenen Rentabilitätsgesichtspunkten analysiert und als neues Element dabei stets der in den Exporterzeugnissen enthaltene Importaufwand beachtet, bevor über die Exportrentabilität des Erzeugnisses eine Aussage getroffen wird.

Auf dieser Grundlage wurde das Erzeugnissortiment – unter Beachtung perspektivischer volkswirtschaftlicher Anforderungen in Verbindung mit den eigenen Produktionsmöglichkeiten – in rentable und weniger rentable Erzeugnisse gegliedert. Hieraus werden jetzt für Forschung und Entwicklung, Investitionstätigkeit, Produktion, Länder- und Abnehmerstruktur die entsprechenden kurz-, mittel- und längerfristigen Aufgabenstellungen durch die Kombinatsleitung festgelegt. Um dabei ein hohes wissenschaftliches Niveau in der Analysentätigkeit und den Leitungsvorschlägen zu sichern, wurde diese Problematik in Form einer Dissertationsschrift durch den stellvertretenden Direktor für Beschaffung und Absatz bearbeitet. Die erreichten Erkenntnisse dürften zu einer spürbaren Verbesserung der Außenhandelseffektivität beitragen.

Mit der Einbeziehung der Importseite in diese Betrachtungen wird ein generelles Problem der Leitung und Planung der Außenhandelstätigkeit unserer Kombinate angesprochen, das einer theoretischen und praktischen Lösung bedarf. Unsere Kombinate sind gegenwärtig ökonomisch nur mit der Exporttätigkeit, aber nicht in gleicher Weise mit der anderen wichtigen Komponente der Außenhandelstätigkeit – dem Import – konfrontiert.

Die Regelungen der Bilanzverantwortlichkeit binden die Importe richtigerweise überwiegend an den potentiellen Hersteller, also entsprechend dem Erzeugnisgruppenprinzip. Es bestehen aber keine ökonomischen Sachzwänge mit materieller Stimulierung zur ständigen Minimierung der Importe und damit ihrer Einbindung in den relativ geschlossenen Reproduktionsprozeß der Kombinate.

So erscheint es für die Kombinate teilweise noch ökonomisch sinnvoller zu sein, Neuheiten und Spezialprodukte – bei denen die Weltmarktpreise bekanntlich besonders hoch sind – in die Importe einzuordnen, als sie selbst zu erzeugen. Ähnlich wirken die Regelungen auf die Abnehmer der Erzeugnisse – die Fondsträger. Auch sie haben im Rahmen des Planungssystems keine ausreichende ökonomische Bindung, um Substitutions- und Minimierungswege zu suchen. Dadurch kann es vorkommen, daß „teueres" Importmaterial nach Weiterverarbeitung nur zu relativ „billigen" Exporten genutzt wird. Besonders die vertikal verflochtenen Prozesse der chemischen Industrie enthalten eine Reihe solcher Reserven.

Zur besseren leitungsmäßigen Beherrschung dieser Problematik wäre meines Erachtens aus theoretischer Sicht – unter Wahrung des staatlichen Außenhandelsmonopols – zu prüfen:

— den Kombinaten nicht nur den Exportplan, sondern den Export-Importsaldo im Rahmen der Bilanzverantwortung vorzugeben,

— an die Erfüllung des Saldos eine bestimmte materielle Stimulierung zu binden, die bis zu Regelungen bei notwendigen Importersatzteilen führen sollten und

— die gegenwärtig einseitig wirkenden Beurteilungsgrößen der Außenhandelstätigkeit eines Kombinates, wie Ertragskennziffer, einheitliches Betriebsergebnis und Richtungskoeffizienten realer in den Planungsprozeß einzuordnen. Der gegenwärtig vorgenommene Vergleich von Industrieabgabepreisen – nach nationalen Preisbildungsprinzipien gebildet – mit Valutapreisen des Weltmarktes kann zu Verbesserungen in den Aussagen führen.

Bei dieser stärkeren Einbeziehung der Importproblematik im Rahmen der gesetzlichen Regelungen würde die Verantwortung der Kombinate für ihren relativ geschlossenen Reproduktionsprozeß vervollkommnet. Gleichzeitig könnte eine weitere Quelle der Effektivitätssteigerung der Außenhandelstätigkeit erschlossen werden.

Die Frage der Qualifizierung und Weiterbildung der Kader soll am Beispiel des Imports von Anlagen auf Kompensationsbasis erläutert werden. Die durchgängige Kombinatsbildung schafft für die Verwirklichung dieses Prinzips gute leitungsmäßige Voraussetzungen, die aber nur mit hoher Sachkenntnis voll ausgeschöpft werden können. Bekanntlich hat diese langfristige Form der Außenhandelstätigkeit einen festen Platz im internationalen Handel, und ihre Bedeutung wird weiter zunehmen. Fast jedes Kombinat befaßt sich mit dieser Problematik, ohne daß der theoretisch betriebswirtschaftliche Vorlauf ausreichen dürfte. Das kann leicht zu einer Unterschätzung der ökonomischen Aspekte in der Praxis führen.

Welche Bedeutung die kapitalistische Gesellschaft der ökonomischen Seite von Kompensationsgeschäften für die Erreichung hoher Profite beimißt, zeigt u. a., daß gegenwärtig über die BRD-Zeitung „Das Handelsblatt" ihren Unternehmen ein Buch zur ökonomischen Problematik mit einem Preis von 920,– DM angeboten wird.

Bekanntlich werden bei einem Kompensationsgeschäft, das bis an die Milliardengrenze gehen kann, mit dem Vertragsabschluß nicht nur das wissenschaftlich-technische Niveau, sondern wesentliche Teile der späteren Effektivität für einen Zeitraum von mehr als 10 Jahren festgeschrieben. Die Beurteilung der wissenschaftlich-technischen Parameter ist bereits eine sicher nicht leichte Aufgabe, aber noch differenzierter dürfte die Aufgabe der langfristigen ökonomischen Bewertung sein. Ein Prozent Preiseinsparung kann eine Größenordnung von 10 Millionen Reineinkommen im Außenhandel bedeuten! Bekannt ist, daß dem subjektiven Einfluß der Verhandlungsvorbereitungen, -durchführung und -taktik ein hoher Stellenwert bei der Preisgestaltung zukommt und daß diese Realitäten des Weltmarktes immer stärker zu berücksichtigen sind. Bedeutende Effektivitätsreserven auf dem Gebiet der Außenhandelstätigkeit dürften deshalb durch Aus- und Weiterbildung freisetzbar sein.

Gegenwärtig erscheint das theoretische Wissen und die Verallgemeinerung praktischer Erfahrungen von neuen Außenhandelserkenntnissen noch nicht auszureichen, so daß besonders mit der Studentenausbildung und der Weiterbildung von mit Außenhandelsaufgaben direkt und indirekt betrauten Kadern bessere Grundlagen für spätere gute Außenhandelsergebnisse geschaffen werden sollten.

L. Hummel

Zur sozialökonomischen Förderung der Kombinatsentwicklung

Die Vorzüge des Kombinats zur Entwicklung und Nutzung des Arbeitsvermögens und die verstärkte Orientierung der Masseninitiative der Arbeitskollektive auf die Kombinatsaufgaben kommen in dem Maße zum Tragen, wie das Kombinat sich selbst immer stärker als sozialökonomische Einheit entwickelt. Dieses objektive Zusammenwachsen der Betriebe und Betriebskollektive im Kombinat spiegelt sich u. a. wider

– in einem erhöhten Verantwortungsbewußtsein aller Werktätigen des Kombinats gegenüber der Volkswirtschaft, in der Ausprägung des Zusammengehörigkeitsgefühls der Betriebskollektive im Kombinat,

– in der Bereitschaft, die betrieblichen Belange und Interessen immer stärker unter der Sicht der Kombinatsaufgaben zu sehen,

– in einer größeren Disponibilität und Bereitschaft zur Mobilität der Kräfte innerhalb des Kombinats über die Betriebsgrenzen hinweg,

– in einer verstärkten Beachtung der kombinatsspezifischen Erfordernisse z. B. an das Qualifikationspotential und die Organisation der Arbeit,

– in einer größeren Effektivität und Breitenwirksamkeit von Analysen sozialer Wirkungsfaktoren zur Nutzung des gesellschaftlichen Arbeitsvermögens und speziell zur Weiterentwicklung der sozialen Bedingungen für die Entwicklung eines hohen Leistungsklimas,

– in einem zunehmenden Ausgleich des Niveaus der Organisation der Arbeit, des Arbeitsinhalts und der Arbeitsbedingungen zwischen den Betrieben des Kombinats.

Dabei ist immer zu beachten, daß dieser Prozeß des Zusammenwachsens und damit der Schaffung neuer Leistungspotenzen durch eine neue Qualität der Kooperation der gesellschaftlichen Arbeit niemals losgelöst von den realen technisch-ökonomischen Prozessen verläuft. Dieses Entstehen neuer Leistungspotenzen ist auch nicht eine bloße Zwangsfolge technisch-ökonomischer Maßnahmen. Langjährig erfolgreich arbeitende Kombinate bestätigen, daß dieser Prozeß des sozialen Zusammenschlusses in dem Maße beschleunigt wird und erfolgreich vor sich geht, wie in der Leitung bewußt auf diese Einheit orientiert wird.

Die Identifizierung der Werktätigen mit dem Kombinat und der immer engere soziale Zusammenschluß der Betriebe im Kombinat werden durch eine Vielzahl von objektiven und subjektiven Faktoren bestimmt. Ein besonderes Gewicht kommt den politisch-ideologischen Faktoren zu. Die fortgeschrittenen Kombinate sind bestrebt, im Zuge der immer engeren Kooperation und Arbeitsteilung und im Zuge der Erfüllung der Aufgaben gegenüber der Volkswirtschaft bei den Werktätigen des Kombinats solche Verhaltensweisen auszuprägen wie: Verantwortungsbewußtsein gegenüber der Volkswirtschaft, Identifizierung mit dem Kombinat, Entwicklung des Zugehörigkeitsgefühls zum Kombinat, Solidarität und gegenseitige kameradschaftliche Hilfe zwischen den Betrieben des Kombinats, aktive Mitwirkung an der perspektivischen Gestaltung von Erzeugnissen und Produktionsstrukturen, Durchsetzung eines einheitlichen Leitungsstils. Dazu tragen die intensive ideologische Arbeit über die Rolle des Kombinats bei der Lösung von gesamtvolkswirtschaftlichen Aufgaben und der Einordnung jedes Betriebes in diese ökonomisch und politisch begründete Zielsetzung ebenso bei wie der beharrliche Nachweis der größeren Vorteile der Gemeinsamkeit der Betriebe im Kombinat, die Beachtung der sozialen Eigenständigkeit und Traditionen sowie die sachliche Wertschätzung der Leistungen der Betriebskollektive im Rahmen des Kombinats.

Einen wesentlichen Einfluß auf die Haltung der Werktätigen zum Kombinat haben die Arbeits- und Lebensbedingungen in den Kombinatsbetrieben. Im engen Zusammenhang mit dem Ausbau der materiell-technischen Grundlagen des Kombinats stehen: der Abbau von Niveauunterschieden bei den Arbeits- und Lebensbedingungen, die Festlegung einheitlicher Grundsätze der Sozialpolitik im Betrieb, abgestimmte Maßnahmen zur Förderung bestimmter sozialer Gruppen von Werktätigen, die Stimulierung von Betriebs- und Kombinatstreue, die Erhöhung der sozialen Geschlossenheit der Kollektive und Pflege von Traditionen, die Durchsetzung einer einheitlichen Prämienpolitik und Bildung von Prämienfonds für gemeinsame, das Kombinat insgesamt tragende Leistungen.

Von besonderem Gewicht für die Ausprägung eines kombinatsfördernden sozialen Klimas ist die Gestaltung der Beziehungen der Betriebskollektive zum Kombinat. Sowohl vom Standpunkt der mehrseitigen sozialen Bindungen der Betriebe an den Zweig und an das Territorium als auch vom Standpunkt der Entwicklung der Interessen der Werktätigen ist der Charakter der Betriebe als selbständige sozialökonomische Einheiten innerhalb des Kombinats zu wahren und auszubauen. Das heißt, der sozialökonomische Zusammenschluß der Betriebe im Kombinat erfolgt vor allem im Prozeß ihrer eigenen Höherentwicklung, im Prozeß ihrer Annäherung und damit zugleich ihrer immer stärkeren Verschmelzung im Kombinat als der entscheidenden Einheit der Volkswirtschaft.

Die Bereitschaft zur sozialen Integration und die Überwindung betriebsegoistischer Interessen erfolgt vor allem in dem Maße, wie die Betriebe selbst soziale Vorteile aus ihrer Zugehörigkeit zum Kombinat gewinnen.

Eine besondere Rolle für den sozialökonomischen Entwicklungsprozeß des Kombinats spielen die Stammbetriebe und Großbetriebe. Die Bereitschaft zum sozialen Zusammenschluß wird in dem Maße gefördert, wie die gegenseitige Abhängigkeit der Betriebe im Kombinat zur grundsätzlichen Übereinstimmung von Interessen führt und wie die Angleichung von Bedingungen und Leistungsmöglichkeiten erfolgt. Die Praxis einiger Kombinate beweist, daß dieser Prozeß vor allem durch den weiteren Konzentrationsprozeß innerhalb der Kombinate selbst wesentlich gefördert wird. Durch die Eingliederung einer Reihe kleinerer Betriebe in größere Einheiten tritt an die Stelle der „Solidarität", der „Hilfsbereitschaft" eine echte Mitverantwortung.

Entscheidend ist, daß sich die Leiter und Parteisekretäre an der Spitze der Kombinatsbetriebe für das Kombinat engagieren und in ihrem Auftreten gegenüber der Belegschaft des Betriebes stets die Interessen des Kombinats und des Betriebes vertreten. Für dieses Verhalten trägt der Generaldirektor insofern selbst eine große Verantwortung, als es von ihm abhängt, wie er das Mitdenken und die Mitverantwortung der Betriebsleiter für das Kombinat herausfordert und notwendige Entscheidungen nicht nur aus der Sicht des Stammbetriebes sondern eben des ganzen Kombinates fällt.

Eine wesentliche Bedingung der sozialökonomischen Entwicklung der Kombinate ist die fruchtbare kooperative Zusammenarbeit mit dem Territorium. Der Prozeß der Herausbildung der Kombinate als sozialökonomische Einheiten vollzieht sich stets in Übereinstimmung mit der weiteren sozialen Entwicklung der Betriebe als Teile des Territoriums. Dieser Prozeß verläuft auf der Grundlage gemeinsamer Hauptinteressen von Kombinat und Territorium, schließt aber in sich die Überwindung einer Reihe von Widersprüchen und die Lösung einer Vielzahl sozialer Probleme ein. Dazu gehören u. a.:

— Jede Umverteilung von Fonds und Kräften innerhalb des Kombinates bedarf einer gründlichen Abstimmung mit den davon betroffenen territorialen Organen.

— Umprofilierungen, beispielsweise die Einrichtung von zentralen Fertigungen oder die Einrichtung eines Rationalisierungsmittelbaus, führen in der Regel zu zusätzlichen Forderungen an das Territorium hinsichtlich der Bereitstellung von Arbeitskräften oder deren berufliche Umprofilierung.

— Das Ziel, innerhalb eines Kombinats eine bestimmte Niveauangleichung beispielsweise auf dem Gebiet der Arbeits- und Lebensbedingungen, des Lohnes, der Stimulierung von Schichtarbeit u. ä. zu erzielen, kann zu Ungleichheiten innerhalb des Territoriums führen und bedarf daher der Abstimmung mit den territorialen Organen.

— Probleme zwischen Kombinat und Territorium entstehen auch dadurch, daß sich Forderungen verschiedener Kombinate an ein und dasselbe Territorium z. B. nach Arbeitskräften, nach Wohnungen, nach Bauleistungen, nach Regelungen im Berufsverkehr usw. überschneiden. Entscheidungen zugunsten des einen Kombinats führen meist zu Spannungen mit anderen Kombinaten. Diese können nur auf der Basis der volkswirtschaftlichen Interessen und perspektivischen Lösungen entschieden werden, was wiederum die Zusammenarbeit aller im Territorium vertretenen Kombinate unter der Regie der territorialen Organe erfordert.

Es ist offensichtlich, daß solche Probleme nur bei einem guten Klima der Zusammenarbeit von Kombinat und Territorium gelöst werden können. Insgesamt ist festzustellen, daß alle jene Kombinate mit diesen Problemen relativ gut fertig werden, die sich bemühen, nicht nur die Beziehung zwischen Betrieb und territorialen Organen, sondern auch zwischen Kombinatsleitung und territorialen Organen auf stabile Grundlagen zu stellen und hierfür mit Entscheidungsbefugnissen ausgestattete stellvertretende Direktoren oder Direktoren von Leitbetrieben einzusetzen.

Probleme treten auf, da bei einer Vielzahl von Betrieben das Kombinat nicht mit jedem Kreis oder jeder Gemeinde direkt Kontakt pflegen kann. Hier ist erforderlich, daß die jeweiligen Betriebsleiter verstärkt auch die Interessen des Kombinats wahrnehmen und in dieser Funktion von den zuständigen Organen voll anerkannt werden.

Aus der notwendigen Zusammenarbeit von Kombinat und Territorium ergeben sich Konsequenzen über die Kenntnisse, die der Generaldirektor des Kombinats über die jeweiligen Territorien besitzen muß, in denen die Betriebe des Kombinats liegen. Das ist erforderlich, um die Konzeptionen für Betriebsentwicklungen nicht von vornherein im Gegensatz zu den territorialen Möglichkeiten oder den Erwartungen der Kreise bzw. Bezirke aufzubauen.

In der Ausnutzung der Vorzüge des Kombinats für die Leitung sozialer Prozesse und deren erhöhte ökonomische Wirksamkeit haben sich bewährt:

— die Konzentration von sozialen Maßnahmen auf bestimmte Schwerpunkte insbesondere zur Entwicklung und Nutzung des gesellschaftlichen Arbeitsvermögens, beispielsweise zur Erhöhung der Grundfondsauslastung durch Erweiterung der Schichtarbeit, zur Qualifizierung des sozialistischen Wettbewerbs, zur Erhöhung der gesellschaftlichen Aktivität innerhalb und außerhalb des Betriebes, zur Sicherung von Investitionen auf einem hohen Niveau der Einheit technischer, ökonomischer und sozialer Lösungen;

– die einheitliche Konzentration auf die entscheidenden Kettenglieder der sozialen Entwicklung, wie Gestaltung des Inhalts der Arbeit, Erhöhung der Rolle des Arbeitskollektivs, volle Wirksamkeit der Formen der materiellen und ideellen Interessiertheit (Grundlöhne), Übertragung von Erfahrungen aus der territorialen Rationalisierung in ihrer Wirkung auf die Arbeits- und Lebensbedingungen in Betrieb und Territorium;

– die exakte Festlegung der Verantwortung von staatlichen Organen, der Gewerkschaften und der Jugendorganisation bei der zielstrebigen Lösung sozialer Aufgaben, einschließlich des konzentrierten Einsatzes von Fachkadern und einer systematischen Kontrolle der erreichten Wirkungen;

– die kontinuierliche Durchführung von Betriebsvergleichen, da sie die Aufdeckung neuer Reserven und Leitungserfahrungen sowie die Ableitung realisierbarer, bereits praktisch nachgewiesener sozialer Zielstellungen ermöglichen;

– die Anwendung sozialer Kennziffern sowohl als Nachweis sozialer Entwicklungen als auch zum Zweck der Betriebsvergleiche und der Planung sozialökonomischer Entwicklung.

M. Füger

Zur höheren Wirksamkeit der wirtschaftlichen Rechnungsführung in den Kombinaten

Zur vollen ökonomischen Ausgestaltung der Kombinate – von deren materiellen und geistigen Potenzen die Partei zu Recht hohe Leistungen erwartet – gehört ohne Zweifel auch die wirksame Anwendung und Forcierung der wirtschaftlichen Rechnungsführung. Im engsten Zusammenwirken mit der Kombinatsplanung muß es gelingen, die Lösung der auf der 11. Tagung des ZK der SED behandelten wirtschaftspolitischen Kernprobleme zu unterstützen und auch die bestehende Differenziertheit in den Ergebnissen der Wirtschaftstätigkeit durch Erreichen eines allseitig hohen Niveaus zu überwinden.

Genosse Erich Honecker hob im Januar in seiner Rede vor den 1. Kreissekretären der SED hervor, daß es notwendig sei, „die wirtschaftliche Rechnungsführung ernster zu nehmen und weiter zu entwickeln". Nach meiner Auffassung geht es dabei sowohl um generelle Entwicklungsfragen der wirtschaftlichen Rechnungsführung (wie Verbesserung der Leistungsbewertung, Lösung von Fragen des Preissystems, der Finanzierung oder Nutzeffektsbetrachtung), um Überwindung von bestehenden Rückständen in Kombinaten und Betrieben – besonders in der Kostenarbeit, Analysentätigkeit, Schaffung der Normenbasis, Durchsetzung der innerbetrieblichen wirtschaftlichen Rechnungsführung – und um zu lösende Fragen, die unmittelbar mit den Reproduktionsbedingungen im Kombinat zusammenhängen.

Diese Richtungen verschmelzen in der Praxis miteinander.

Insbesondere wird es mit der wirtschaftlichen Rechnungsführung unter Kombinatsbedingungen möglich und notwendig, die Entwicklungsfragen und die Niveauverbesserung erfolgreich zu lösen. Wir sollten in bezug auf die wirtschaftliche Rechnungsführung im Kombinat auch keine überzogenen Gedanken an „neue Formen und Besonderheiten" haben und Erwägungen nach speziellen Regelungen anstellen, sondern nüchtern und konsequent daran arbeiten, die sich bietenden Bedingungen im Kombinat zu nutzen, die wirtschaftliche Rechnungsführung besser zur Wirkung zu bringen und meßbare ökonomische Effekte zu erzielen.

Denn auch im Kombinat kann es nur darum gehen, die Funktionen der wirtschaftlichen Rechnungsführung durchzusetzen, d. h., wie überall durch Messen, Kontrollieren, Verteilen und Stimulieren die Ökonomie der Prozesse zu beeinflussen. Wir sollten davon ausgehen, daß

– die Wahrnehmung der politischen Verantwortung der Generaldirektoren,

– ökonomisches Denken aller Leiter in volkswirtschaftlichen Größenordnungen,

– klare und konsequente Haltung zur Wirtschaftlichkeit, zur Rationalisierung, zu Ordnung, Disziplin und Gesetzlichkeit und

– die Organisation der Rückwirkung des subjektiven Faktors auf die Verwertung der materiellen Potenzen

durch nichts zu ersetzen und der Schlüssel zur höheren Wirksamkeit auch der wirtschaftlichen Rechnungsführung sind.

Ich möchte im folgenden einige Fragen der Aufwandssenkung behandeln, eine der wichtigsten Aufgabenstellungen für die wirtschaftliche Rechnungsführung.

Bei der so entscheidenden Verbesserung der Kostenarbeit muß das planmäßige, zielgerichtete Vorgehen, die kostenkonzeptionelle Arbeit zum Prinzip werden. Die im Ministerratsbeschluß vom Mai 1979 geforderte Qualifizierung der Kostenplanung muß in der konzeptionellen Phase beginnen. Um im Planentwurf von vornherein die effektivsten Lösungen anzubieten, die volkswirtschaftlichen Anforderungen der Aufwandssenkung bereits in den Hauptkonturen belegt zu haben, gilt es nicht nur alle wissenschaftlich-technischen Aufgaben und technisch-organisatorischen Maßnahmen schlechthin in ihren kostenseitigen Wirkungen vorauszuberechnen, sondern die volkswirtschaftlich notwendige Selbstkostensenkung zum Maßstab für Anzahl und Wirksamkeit der Maßnahmen zu machen. Das stellt die Kombinatsleitungen vor die Aufgabe,

– den Betrieben rechtzeitig Orientierungen für die Kostensenkung zu erteilen, verbunden mit Normativen über bestimmte Aufwandsarten;

– die Leistungsfähigkeit der Betriebe und die Steigerungsfähigkeit ihrer Rentabilität eindeutig einschätzen und bestimmen zu können und fundiertere Plandifferenzierungen für Kosten und Gewinn als bisher vorzunehmen;

– im Kombinat zentral vorbereitete Maßnahmen aus Wissenschaft und Technik, Veränderung der Arbeitsteilung, Integration, der Rationalisierung und Rekonstruktion bei der Differenzierung der Selbstkostensenkung zu berücksichtigen.

Es muß eine abgestimmte, gut organisierte Arbeitsteilung und Zusammenarbeit zwischen Kombinatsleitung und den Kombinatsbetrieben, bei der kostenkonzeptionellen Arbeit geben. Mit ihr werden alle vorausberechneten Wirkungen aus Wissenschaft und Technik, Organisation, WAO und Materialökonomie usw. komplex erfaßt, die wesentlichen Voraussetzungen für die Einheit von Planung und wirtschaftlicher Rechnungsführung geschaffen, die Intensivierungskonzeptionen und Plandiskussionen qualifiziert sowie die rechtzeitige Abdeckung der Selbstkostensenkung durch Maßnahmen gesichert. Die fehlende Abdeckung der Selbstkostensenkung ist u. a. einer der Hauptgründe für das Nichterreichen der geplanten Kostensenkungen in vielen Betrieben.

Das setzt natürlich umfassende analytische Arbeit zur Durchdringung des Reproduktionsprozesses voraus im Sinne der Durchsetzung der Meßfunktion der wirtschaftlichen Rechnungsführung. Hierin gibt es nach meiner Übersicht noch recht erhebliche Rückstände. Analytische Erkenntnisse über die Faktoren der Leistungs- und Aufwandsentwicklung sind aber Ausgangspunkt für Berechnungen des minimalen Aufwandes, der Beherrschung der Kostenverursachung, für die Senkung kapazitätsabhängiger Kosten, sie bieten Ansatzpunkte für Rationalisierungen und sind Grundlage notwendiger Betriebsvergleiche. Dazu muß sich eine Kombinatsleitung aussagefähige Grundlagen schaffen, insbesondere aus Untersuchungen zu den Intensivierungsfortschritten der Betriebe. Die Kombinatsleitung muß vor allem die Analysenarbeit in den Betrieben organisieren, mit guten Methodiken vereinheitlichen und Vergleiche zwischen den Betrieben ins Leben rufen.

An dieser Stelle einige Bemerkungen zu den Leistungsvergleichen zwischen den Kombinaten oder innerhalb der Kombinate. Natürlich ergeben sich aus unterschiedlichen Reproduktionsbedingungen und möglichen Zielsetzungen von Vergleichen vielfältige Wege des Herangehens. Mir geht es um betriebswirtschaftlich angelegte Vergleiche als spezifische Analysenmethode mit dem Ziel, bestimmte ausgewählte Kennziffern, die der Aufwandssenkung und Ergebnisverbesserung dienen, zu beeinflussen. Man könnte folgende allgemeinen Grundsätze nennen:

— Die wichtigste Voraussetzung für den Erfolg von Betriebsvergleichen ist ihre Behandlung als Leitungsaufgabe, um die Linie im Vorgehen, die Ziele, die Verantwortlichkeiten, Kontrolle und Rechenschaftslegung festzulegen. Von den Generaldirektoren, aber auch den Betriebsleitern müssen Impulse und Forderungen zu Vergleichen ausgehen.

— Die Auswahl der Vergleichsobjekte bzw. Partner inner- oder außerhalb des Kombinates hängt von der Zielstellung und den technologischen Gegebenheiten ab. Bei vorwiegend horizontal aufgebauten Kombinaten (Gießereien, metallurgischen oder chemischen Kombinaten, Baukombinaten usw.) finden sie sich meist im Kombinat.

— Voraussetzung ist eine Vergleichbarkeit. Sie ist immer gegeben, wenn quantifizierbare Vergleichsmaßstäbe gefunden werden, mit denen die jeweils angestrebten Zielstellungen erreicht werden können. Da immer spezifische Seiten des Reproduktionsprozesses behandelt werden sollten, finden sich meist anwendbare Maßstäbe im Kosten-, Wert- oder Zeitausdruck, in Mengenangaben oder technischen Parametern.

— Die Vorbereitung bedarf ideologischer Arbeit; Tendenzen des Betriebsegoismus oder des Negierens des Vergleichs wegen angeblich besserer Bedingungen des Partners sind zu überwinden.

— Breit angelegte Vergleiche über viele ökonomische Kennziffern hinweg sind nicht erfolgversprechend. Das bindet zu viele Kräfte zur gleichen Zeit, erfordert einen zu hohen Aufwand und erschwert die Kontrolle. Es vergeht auch zuviel Zeit, um eine ganze Reihe von Faktoren zu eliminieren, die die Vergleichbarkeit stören. Besser ist, sich auf einzelne verbesserungswürdige Kennziffern zu beschränken und sie, ausgehend von Prozeß-, Verfahrens- oder Maßnahmevergleichen, systematisch zu verbessern. Die Wechselbeziehungen zur Rationalisierung sind dabei zu beachten.

— Für die Vergleiche, insbesondere das Erreichen der Ziele, sollten das Neuererwesen und der sozialistische Wettbewerb genutzt werden. Die Werktätigen müssen gezielt und mit eindeutigen Aufgabenstellungen in Vergleiche einbezogen werden. Das kann bis zu gemeinsamen Brigadeberatungen oder Qualifizierungsmaßnahmen gehen.

— Aus Betriebsvergleichen abgeleitete Lösungswege bzw. Zielstellungen müssen für das Folgejahr planwirksam gemacht werden.

— Vorbereitung, Koordinierung und Organisation des Vergleichs müssen immer rationell sein, damit der Aufwand möglichst gering bleibt.

Die seit Jahren bestehende Tatsache, daß stets ein Drittel der Betriebe die geplanten Kosten überzog und vor allem die nichtplanbaren Kosten stiegen, zwingt zu der Erkenntnis, daß die Einstellung zur Kostensenkung sich verändern muß. Wenn die Generaldirektoren die Erfüllung der Kostensenkung mit der gleichen Konsequenz und Unduldsamkeit fordern und bewerten wie die Erfüllung der industriellen Warenproduktion, dann werden auch alle nachgeordneten Leiter diese Orientierung durchsetzen. Die Einführung der Kennziffer Nettoproduktion und Grundmaterialkosten je 100 Mark Warenproduktion werden diese Entwicklung unterstützen.

Auch wenn Detailarbeit der Kostenbeeinflussung und -kontrolle weiterhin in den Betrieben erfolgen muß, sollte sich jeder Generaldirektor ein Kontrollinstrument schaffen lassen, das ihn in die Lage versetzt, die Kostenentwicklung jedes Betriebes ständig zu verfolgen.

Eine ganz wesentliche Sicherheit für die positive Kostenentwicklung im Kombinat ist eine kontinuierliche ordnungsgemäße Normenarbeit. Dazu gilt es vor allem: Ordnungen der Normenarbeit auszuarbeiten und durchzusetzen; die Aufgaben für Wissenschaft und Technik, WAO und Materialökonomie unmittelbar mit der Normenarbeit zu verbinden; überbetriebliche Normative im Kombinat zu erarbeiten und dabei Bestwerte anzustreben, für deren Erreichung Betriebsvergleiche und Erfahrungsaustausche einzusetzen sind sowie die Normen auch für Planung, Abrechnung, Disposition und Stimulierung konsequent anzuwenden.

Ein sehr entscheidendes Feld für die gezielte Kostenbeeinflussung liegt in Forschung und Entwicklung. So wie generell Auswahl und Zielsetzungen für Forschung und Entwicklung Fragen der Leitungsspitze sind, muß der Generaldirektor auch die Arbeit mit Kosten und Preisvorgaben bei der Erzeugnisentwicklung konsequent durchsetzen. Das sollte bei der meist vorliegenden Konzentration des Bereiches Forschung und Entwicklung im Kombinat gut möglich sein. Ich halte es für erforderlich, daß kein Pflichtenheft ohne diese Vorgaben vom Generaldirektor bestätigt werden darf, die Freigabe der Finanzierung für die einzelnen Themen als Hebel dazu genutzt wird, diese Vorgaben durchzusetzen und zur Sicherung wirksamer Kostenvorgaben die Gebrauchswert-Kosten-Analyse zur Optimierung des Gebrauchswert-Kosten-Verhältnisses wieder stärker in Forschung und Entwicklung genutzt wird.

Bei den Fragen der Aufwandssenkung muß auf die aktive Gestaltung der innerbetrieblichen wirtschaftlichen Rechnungsführung verwiesen werden. Sie ist von großer Bedeutung für die Mitwirkung der Werktätigen an der Planung und die Verbindung des Wettbewerbes mit den ökonomischen Schwerpunkten. Sie bewirkt die Durchsetzung des Leistungsprinzips bis zum Arbeitsplatz und ist Basis der wirksamen Anwendung der materiellen Stimulierung. Insofern hat die innerbetriebliche wirtschaftliche Rechnungsführung große erzieherische Wirkungen und forciert die Initiativentwicklung. Es ist für jede Kombinatsleitung unabdingbar, leitungsseitig alles zu tun, um diese wichtige Methode wirksam in den Kombinatsbetrieben anzuwenden und als politische Aufgabe anzusehen.

Im Mittelpunkt muß dabei die Haushaltbuchführung stehen, fest verbunden mit einer leistungsbezogenen materiellen Stimulierung. Nur wenn diese Grundform der wirtschaftlichen Rechnungsführung funktioniert, nicht formal verläuft, sondern mobilisierend wirkt, können mit der wirtschaftlichen Rechnungsführung im Kombinat meßbare Effekte erreicht werden.

G. Reinecke

Zur Nutzung des Informationssystems Rechnungsführung und Statistik bei der Entwicklung leistungsstarker Industriekombinate

Ziele und erreichter Stand des Informationssystems Rechnungsführung und Statistik als ein Instrument der sozialistischen Wirtschaftsführung in der DDR sind prinzipiell und definitiv bestimmt: Rechnungsführung und Statistik ist das in der DDR unter konkreten historischen Bedingungen entstandene, die Vorzüge des Sozialismus nutzende einheitlich organisierte und koordinierte System der Gewinnung, auswertungsgerechten Bereitstellung und Interpretation von zahlenmäßigen Informationen über den gesellschaftlichen Reproduktionsprozeß auf allen Ebenen der Wirtschaft und des Staates.[1]

Aus dieser Definition sind folgende Merkmale des Informationssystems Rechnungsführung und Statistik hervorzuheben:

1. Es widerspiegelt zahlenmäßig den gesellschaftlichen Reproduktionsprozeß im weitesten Sinne, d. h. als sozialökonomischen Prozeß. Dies ist die Konsequenz der Einheit von Wirtschafts- und Sozialpolitik.

2. Es liefert als Instrument der sozialistischen Wirtschaftsführung Informationen für alle Leitungsebenen; in den Wirtschaftseinheiten dient es demzufolge der Durchsetzung der wirtschaftlichen Rechnungsführung.

3. Es liefert nicht nur Leiterinformationen, sondern ist zugleich Informationsquelle für alle Werktätigen. Das hat Konsequenzen für seine Gestaltung und Nutzung im Sinne der Leninschen Formulierungen von Rechnungsführung und Kontrolle als „eine Art Gerippe der sozialistischen Gesellschaft" und „als staatstragendes Prinzip".[2]

4. In seiner konkreten Gestalt ist es ein Produkt der historischen Bedingungen in der DDR.

Da die Kombinate zu einem Hauptbestandteil des gesamten Leitungsaufbaus in der Industrie geworden sind[3] und ihre Herausbildung und Festigung den gegenwärtig wichtigsten Schritt bei der Vervollkommnung der Leitung und Planung in unserer Volkswirtschaft darstellt[4], sind auch Instrumentarien, Methoden und Organisation der kombinatlichen Leitung und Planung voll in das Blickfeld gerückt. Das betrifft vor allem

[1] In Anlehnung an bisher gebrauchte Formulierungen in: Lexikon der Wirtschaft, Bd. Rechnungsführung und Statistik, Berlin 1974; Verordnung über Rechnungsführung und Statistik vom 20. Juni 1975, in: GBl. I, S. 585; G. Geißler, G. Heske, J. Neumann, G. Reinecke, Rechnungsführung und Statistik im Sozialismus (Lehrbuch), Berlin 1977, S. 17.

[2] W. I. Lenin, Staat und Revolution, in: Werke, Bd. 25, Berlin 1960, S. 484/489; derselbe, Werden die Bolschewiki die Staatsmacht behaupten?, in: Werke, Bd. 26, Berlin 1961, S. 88/91; derselbe, Die nächsten Aufgaben der Sowjetmacht, in: Werke, Bd. 27, Berlin 1960, S. 238/239; derselbe, Tagung des Gesamtrussischen Zentralexekutivkomitees, 29. April 1918, in: Werke, Bd. 27, a. a. O., S. 294/295; derselbe, Sechs Thesen über die nächsten Aufgaben der Sowjetmacht, in: Werke Bd. 27, a. a. O., S. 307/308.

[3] Bericht des Zentralkomitees der Sozialistischen Einheitspartei Deutschlands an den IX. Parteitag der SED, Berichterstatter: Genosse Erich Honecker, Berlin 1976, S. 83.

[4] G. Mittag, Zielstrebige Verwirklichung der Hauptaufgabe, in: Einheit, 10/1978, S. 995.

— die Verbindung der wirtschaftlichen Rechnungsführung des Kombinats mit der der Kombinatsbetriebe bei Einbeziehung der Werktätigen in die Leitung und Planung auf allen Ebenen und

— die Zentralisierung bestimmter Leitungsaufgaben im Kombinat bei voller Verantwortung der relativ selbständigen Kombinatsbetriebe für Leitung und Planung ihres Reproduktionsprozesses.

Zur Lösung solcher Aufgaben trägt Rechnungsführung und Statistik durch Bereitstellen von Informationen über den abgelaufenen Reproduktionsprozeß bei. Hierzu wird der Informationsbedarf der Kombinatsleitung für Kontrolle, Analyse und Planung zunächst aus der Abrechnung der Kombinatsbetriebe gedeckt, also durch Nutzung schon vorliegender Abrechnungsergebnisse. Jedoch müssen diese betrieblichen Berichtsdaten für die Zwecke der Kombinatsleitung umgeformt werden, damit der relativ geschlossene Reproduktionsprozeß des Kombinats insgesamt sowie in seinen Elementen, Phasen und Einflußfaktoren zahlenmäßig widergespiegelt wird. Schwerpunkt sind hierbei ökonomische Daten für Neuerungsprozesse, insbesondere die Erzeugnis- und Verfahrensentwicklung, langfristige Konzeptionen für die Material- und Energieversorgung sowie deren wirtschaftliche Anwendung, komplexe Entwicklung und Nutzung des gesellschaftlichen Arbeitsvermögens, komplexe Grundfondsreproduktion und Außenwirtschaftstätigkeit des Kombinates.

Zur Deckung dieses Informationsbedarfs, der vom Generaldirektor exakt umrissen werden muß, wird sich im Kombinatsmaßstab offenbar eine Gesamtrechnung herausbilden, die sich einerseits prinzipiell auf den in der Rechnungsführung und Statistik der Kombinatsbetriebe schon erfaßten Daten aufbaut, sich jedoch andererseits hinsichtlich ihres Aussageinhalts deutlich von der Rechnungsführung und Statistik der Kombinatsbetriebe abhebt.

Für die Grobstruktur der Kennziffern dieser kombinatlichen Gesamtrechnung sind vorrangig:

— Gesamtleistung und Effektivität des Kombinats nach ökonomischen Hauptkennziffern,

— Bildung und Verwendung der kombinatlichen Fonds, die entweder unmittelbar bei der Kombinatsleitung geführt werden (zum Beispiel Reservefonds) oder die durch Zentralisation von Teilen betrieblicher Fonds geschaffen werden (zum Beispiel Fonds Wissenschaft und Technik),

— Nachweis des Gesamtnutzens kombinatlicher Maßnahmen, zum Beispiel der Schaffung zentraler Fertigungen.

Neben diesen inhaltlichen Anforderungen an die kombinatliche Gesamtrechnung muß der Generaldirektor auch die rationelle Gestaltung der betrieblichen Rechnungsführung und Statistik im Kombinationsmaßstab sichern. Dazu muß er abrechnungsmethodische, abrechnungsorganisatorische und rechentechnische Richtlinien geben, die die Arbeit mit Rechnungsführung und Statistik in allen Direktionsbereichen und Kombinatsbetrieben regeln. Das betrifft vor allem den einheitlichen methodischen Aufbau der Primärdokumentation, Nachweisführung und Berichterstattung sowie die rationelle Einsatzvorbereitung und Nutzung der elektronischen Rechentechnik.

Der Hauptbuchhalter des Kombinats hat die Durchsetzung dieser Richtlinien zu kontrollieren.

Die bisher nach § 119 der Rechtsvorschriften[5] geschaffenen Industriezweigrichtlinien – vielfach auch als Branchenrichtlinien bezeichnet – sind in der Regel schon vor Jahren erlassen worden. Es ist m. E. angezeigt, sie unter den vorgenannten Anforderungsaspekten zu überprüfen und gegebenenfalls zu überarbeiten.

[5] Anordnung über Rechnungsführung und Statistik in den Betrieben und Kombinaten vom 20. Juni 1975, in: Sonderdruck des Gesetzblattes der DDR Nr. 800.

3. Schlußbemerkungen

G. Friedrich

Schlußbemerkungen zu einigen Schwerpunkten der wirtschaftswissenschaftlichen Forschung im Zusammenhang mit der weiteren Entwicklung des Leistungsvermögens der sozialistischen Kombinate und Betriebe

Mit der heutigen Ratstagung wurden wichtige Aufgaben für die wirtschaftswissenschaftliche Forschung herausgearbeitet, die entsprechend den Beschlüssen der 11. Tagung des ZK der SED und des Erfahrungsaustausches des ZK der SED mit den Generaldirektoren und den Parteiorganisatoren des ZK der Kombinate für die weitere Entwicklung der Kombinate in Industrie und Bauwesen gelöst werden müssen. In der Diskussion – besonders in den Beiträgen der Generaldirektoren und der anderen Genossen aus den Betrieben – wurde die verantwortungsbewußte Arbeit deutlich, die in den Kombinaten und Betrieben zur Erzielung eines hohen Leistungszuwachses geleistet wird. Ebenso wurden die höhere Verantwortung der wirtschaftsleitenden Organe und die damit verbundenen höheren Anforderungen an die wirtschaftswissenschaftliche Forschung und ihre Spezialdisziplinen sichtbar.

In dieser Tagung hat sich erneut das enge und konstruktive Zusammenwirken zwischen Theorie und Praxis bewährt. Das gleiche gilt für die interdisziplinäre Zusammenarbeit mit Vertretern verschiedener wirtschaftswissenschaftlicher Disziplinen wie der Leitungswissenschaft, der sozialistischen Betriebswirtschaft, der Arbeitswissenschaft und des Wirtschaftsrechts. Das trug dazu bei, die Sicht für die noch zu lösenden Probleme auszuweiten und bei der weiteren Arbeit das erforderliche komplexe Herangehen zu sichern.

Wichtig ist es zu erkennen, daß es sich bei den Kombinaten keinesfalls um einen bloßen Wechsel des Firmenschildes handelt. Vielmehr kommt es darauf an, die mit der Bildung und Entwicklung der Kombinate begonnenen gesellschaftlichen und ökonomischen Wandlungen, die neuen Bedingungen in der materiellen Produktion, voll zu erfassen. Der Prozeß der Kombinatsentwicklung ist von außerordentlicher Bedeutung für die Entwicklung der Produktivkräfte und die weitere Vervollkommnung der sozialistischen Produktionsverhältnisse. In diesem Zusammenhang ist als besonders positiv herauszustellen, daß in der Diskussion auch die Grundfragen herausgearbeitet wurden, in die der Prozeß der Entwicklung der Kombinate als Teil der Gesamtstrategie und des politischen Kampfes der Partei sowie der sozialistischen Planwirtschaft eingeordnet ist.

Auch in allen sozialistischen Bruderländern werden große Anstrengungen zur Schaffung leistungs- und funktionsfähiger Wirtschaftseinheiten unternommen. Das wurde anläßlich der gemeinsamen Tagung von Leitungswissenschaftlern sozialistischer Länder in Warschau im April 1980 deutlich. Unsere Erfahrungen auf diesem Gebiet zeigen, daß es richtig war, mit der Vervollkommnung des Systems der Leitung in der Wirtschaft an der Basis zu beginnen, und zwar mit der langfristigen und gründlichen Vorbereitung und Erprobung der Bildung und Entwicklung der Kombinate. Das System der Leitung, Planung und ökonomischen Stimulierung baut darauf auf und wird noch konsequenter auf die umfassende sozialistische Intensivierung und Rationalisierung eingestellt.

Ausgehend von der 11. Tagung des ZK der SED und dem auf ihr basierenden Erfahrungsaustausch des ZK mit den Generaldirektoren der Kombinate und den Parteiorganisatoren des ZK in Gera sollte die wirtschaftswissenschaftliche Forschung verstärkt zur Lösung solcher Fragen beitragen wie

– der Sicherung des Leistungszuwachses und dazu der stärkeren Nutzung der qualitativen Wachstumsfaktoren, insbesondere der Beschleunigung des wissenschaftlich-technischen Fortschritts. Dabei handelt es sich u. a. um den höheren Veredlungsgrad der Rohstoffe und Einsatzmaterialien bis hin zu den Fragen der Strukturwandlung in Verbindung mit der Mikroelektronik, der Robotertechnik, den Automatisierungsprozessen und den Fragen des ökonomischen Energieeinsatzes (stärkere Nutzung von Braunkohle anstelle Heizöl);

– der Erschließung aller Quellen für die rasche Steigerung der Produktion von Konsumgütern. Hierbei geht es um die erforderliche Proportionalität zwischen wachsenden Geldeinnahmen und damit steigender Kaufkraft der Bevölkerung einerseits und die Sicherung eines qualitativ hochwertigen, wachsenden Warenfonds andererseits;

– den mit der Kombinatsentwicklung verbundenen höheren Anforderungen an die zentrale Leitung und Planung. Hier gilt es, vor allem die langfristig-konzeptionelle Arbeit (für Zeiträume von 10 bis 15 Jahren) zu qualifizieren und ein noch engeres Zusammenwirken zwischen der Zentrale und den Kombinaten sowohl bei der langfristigen Arbeit als auch bei der operativen Plandurchführung zu gewährleisten.

Für die wirtschaftswissenschaftliche Forschung auf dem Gebiet der Leitung in der Wirtschaft ergeben sich aus dem Studium der Erfahrungen in der Tätigkeit der Kombinate u. a. folgende Aufgaben:

– die Erarbeitung differenzierter Lösungen für die Beherrschung komplexer Neuerungsprozesse sowie für die Vervollkommnung der Leitung und Planung – unter Berücksichtigung der unterschiedlichen Reproduktionsbedingungen der Kombinate;

– die Erhöhung der Wirksamkeit des Leitungssystems im Hinblick auf die Sicherung des einheitlichen, geschlossenen Reproduktionsprozesses – einschließlich der theoretischen Verallgemeinerung bewährter und rationeller Leitungsmethoden;

– die weitere Vervollkommnung der wirtschaftlichen Rechnungsführung entsprechend den neuen Bedingungen und Erfordernissen der Tätigkeit der Kombinate; Einflußnahme auf die noch effektivere Arbeit mit den Fonds der wirtschaftlichen Rechnungsführung in den Kombinaten und Kombinatsbetrieben.

Zum Schluß unserer Tagung möchte ich allen Diskussionsrednern für die vielfältigen Hinweise und Anregungen für die wirtschaftswissenschaftliche Forschungsarbeit und die weitere unmittelbare Unterstützung der Wirtschaftspraxis danken.

ABHANDLUNGEN
DER AKADEMIE DER WISSENSCHAFTEN DER DDR

Abteilung Veröffentlichungen der Wissenschaftlichen Räte
Tagung des Wissenschaftlichen Rates
für die wirtschaftswissenschaftliche Forschung

Erschienen:

22. Tagung vom 10. 6. 1977 Nr. W 1/1978
Probleme der Leitung in der Wirtschaft

23. Tagung vom 1. 11. 1977 Nr. W 3/1978
Zur planmäßigen Entwicklung der sozialistischen Produktionsverhältnisse

3. Tagung der Gemeinsamen Kommission der Ökonomen der UdSSR und der DDR
Nr. W 5/1978
Ökonomische und soziale Probleme des wissenschaftlich-technischen Fortschritts

24. Tagung vom 21.–22. 4. 1978 Nr. W 8/1978
Wirtschaftswissenschaftliche Konferenz der DDR
Hauptwege zur Steigerung der Arbeitsproduktivität

4. Tagung der Gemeinsamen Kommission der Ökonomen der UdSSR und der DDR
Nr. W 9/1978
Probleme der Leitung und Planung der sozialistischen Wirtschaft

25. Tagung vom 13. 10. 1978 Nr. W 2/1979
Intensivierung der landwirtschaftlichen Produktion

27. Tagung vom 13. 3. 1979 Nr. W 5/1979
Probleme der demographischen Entwicklung

28. Tagung vom 29. 5. 1979 Nr. W 6/1979
Zur aktiven Rolle der Finanzen

5. Tagung der Gemeinsamen Kommission der Ökonomen der UdSSR und der DDR
Nr. W 7/1979
Fragen der wissenschaftlich-technischen und ökonomischen Zusammenarbeit
UdSSR/DDR

29. Tagung vom 16.–17. 10. 1979 Nr. W 2/1980
Zentrale Konferenz der DDR
Zur Verbindung von wissenschaftlich-technischer Revolution und Sozialismus

30. Tagung vom 29. 4. 1980 Nr. W 3/1980
Zur Leitung und Planung der Kombinate

Kolibri 360 GmbH
Ferdinand-Jühlke-Straße 7
99095 Erfurt, Deutschland
produktsicherheit@kolibri360.de